Carlota Santos
(@carlotydes)

Constelaciones

Guía ilustrada de astrología

Papel certificado por el Forest Stewardship Council®

Primera edición: marzo de 2021
Cuarta reimpresión: noviembre de 2021

© 2021, Carlota Santos (@carlotydes)
© 2021, Penguin Random House Grupo Editorial, S. A. U.
Travessera de Gràcia, 47-49. 08021 Barcelona

Printed in Spain – Impreso en España

ISBN: 978-84-17809-99-7
Depósito legal: B-668-2021

Compuesto en M. I. Maquetación, S. L.

Impreso en Índice
Barcelona

PB 0 9 9 9 7

A mi abuelo, que cuando era
pequeña siempre me decía que
por qué no hacía un libro con
mis dibujitos

¿Cómo leer «Constelaciones»?

«Constelaciones» es tanto un manual ilustrado para introducirse en la astrología como un libro de consulta por si tienes dudas concretas... Vamos a aprender qué es una carta astral y cómo interpretarla, y muchas más cositas. ¿Empezamos?

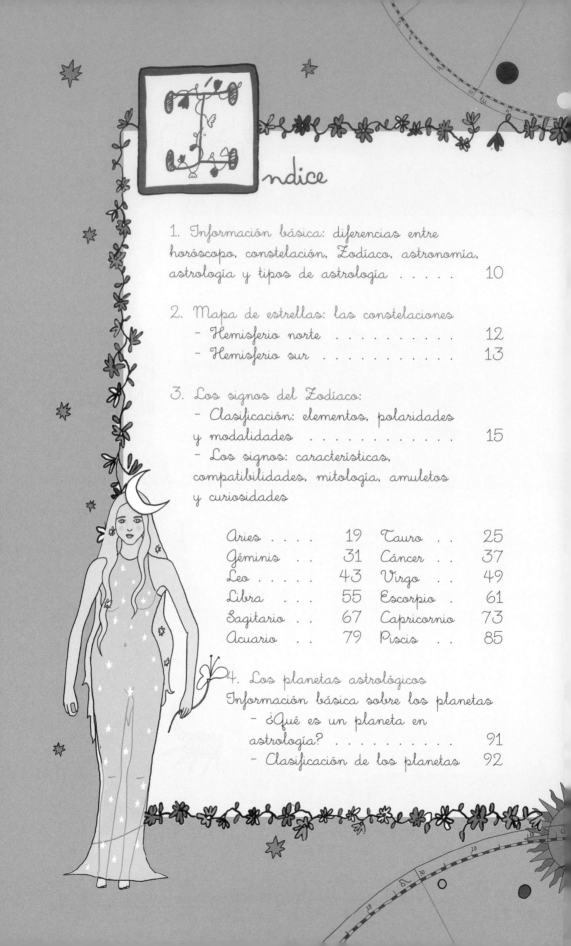

Índice

1. Información básica

Antes de empezar, debes familiarizarte con algunas definiciones:

Astrología: Es el estudio de los astros desde un punto de vista místico, filosófico y mágico. Relaciona los cuerpos celestes con lo que les acontece a las personas: cómo nos sentimos, relacionamos y manifestamos, cómo evolucionamos y cómo las energías cósmicas influyen en la vida y la historia humana, y en nuestra relación con la naturaleza.

Astronomía: Estudia los cuerpos celestes del universo desde una perspectiva científica y física, dejando de lado la parte espiritual o mágica. Es importante entender que las decisiones y descubrimientos astronómicos no influyen necesariamente en la astrología. Un ejemplo es el supuesto nuevo signo del Zodíaco: Ofiuco. Aunque la NASA dijera que es un nuevo signo (cosa que no es cierta, pues se trató de un bulo, como ya veremos), para nada un descubrimiento astronómico tiene por qué afectar a la astrología. Un caso diferente fue el hallazgo de los planetas más allá de Júpiter y Saturno: estos sí entraron a formar parte de la astrología y con ellos surgieron las regencias modernas, entre otros conceptos.

Constelación: Agrupación de estrellas que forman una representación abstracta de un personaje mitológico, animal u objeto. Todas las culturas han observado, nombrado y relacionado las constelaciones con su propia mitología.

Horóscopo: Parte de la astrología más simplificada que nos habla de los rasgos generales de las personas nacidas en una época determinada. Existen muchos horóscopos diferentes (egipcio, maya, celta...), aunque el más popular y en el que se basa la astrología que conocemos es el occidental, de origen griego.

Zodíaco: Banda de la esfera celeste donde se sitúan las doce constelaciones que forman los signos; se ubican en la banda por donde pasa la eclíptica.

Zodíaco sideral: El más antiguo, establece que las constelaciones son inmóviles, estáticas. Debido al movimiento de los astros, había que ajustarlo periódicamente, pues unas constelaciones son más grandes que otras.

Zodíaco tropical: Equipara el grado 0 de Aries con el comienzo del año astral. Al dividir la representación de la esfera celeste matemáticamente en doce partes, no es necesario hacer ajustes y es el que tomaremos como base.

2. MAPA DE ESTRELLAS: LAS CONSTELACIONES

Vamos a ver la representación plana de la esfera celeste en ambos hemisferios. Podremos observar las constelaciones principales y cómo las constelaciones que representan los signos del Zodíaco se distribuyen en el contorno del dibujo; también la división de la porción de cada signo en 30 grados, como si fuera un reloj. Es un dibujo basado en los mapas de estrellas que se elaboraban en los siglos XVII y XVIII, que, además de ser obras artísticas en sí mismos, se usaban para navegar y orientarse gracias a la posición de las estrellas.

Desde nuestra posición en la Tierra, parece que los planetas viajan de la porción de un signo al siguiente, y por eso se dice «Venus ha entrado en Piscis» o «Marte está en Tauro», o «Tengo Mercurio en Piscis»: significaría que Mercurio estaba en la porción de Piscis cuando naciste.

✳ Hipótesis ptolomaica
Se supone la Tierra en el centro.

✳ Hipótesis de Copérnico
Se supone el Sol en el centro, los planetas giran en torno a él y la Luna en torno a la Tierra.

Los signos del Zodíaco se encuentran en una banda de la esfera centrada en la eclíptica. Aries está en la intersección entre esta y el ecuador, por eso es el primer signo y tiene relación también con el ascendente.
Mira la figura de la esquina derecha superior (p. 13).

Mapa de estrellas: hemisferio sur

Piscis

Cetus Ballena

Fénix

Orión

Libra

Corona

Pavo

Círculo Polar Antártico

Canesgena

Sirio

Géminis

Lobo

Navío de Argos

Centauro

Trópico de Capricornio

Hidra

Cráter

Como se puede ver, la constelación de Ofiuco se sitúa entre Escorpio y Sagitario, pero no es un signo del Zodíaco. La polémica surgió cuando circuló el bulo de que la NASA lo había incorporado a los signos del Zodíaco. La NASA no puede hacer cambios en astrología y, además, nunca dijo tal cosa.

13

3. Los signos del Zodíaco

Nos quedamos, entonces, con las constelaciones exteriores, las que representan los signos del Zodíaco, y hacemos una abstracción: tomamos cada porción de la circunferencia como referencia y representamos todas las constelaciones igual, a pesar de que en realidad unas son más grandes que otras.

CLASIFICACIÓN DE LOS SIGNOS DEL ZODÍACO

Vamos a ver las características de cada uno para, en el capítulo siguiente, comprobar cómo afectan a cada planeta.

ELEMENTOS (fuego, tierra, agua, aire)

Fuego (Aries, Leo, Sagitario)

Los signos de fuego son dominantes, con carácter, fuertes, decididos, pasionales, impulsivos, irascibles, luchadores y carismáticos. Con espíritu de liderazgo, sociables, explosivos, arriesgados, entusiastas. Mal integrado puede implicar agresividad, vanidad, arrogancia e irritabilidad.

Tierra (Tauro, Virgo, Capricornio)

Los signos de tierra son los que se mantienen en lo seguro, lo concreto, lo práctico, lo material. Son creativos de una manera práctica: necesitan hechos, no palabras, para creer en algo. Mal integrado implica terquedad, inmovilismo, egoísmo, rigidez y crítica.

Aire (Géminis, Libra, Acuario)

Los signos de aire son dinámicos, intelectuales, comunicativos, objetivos, creativos de una manera innovadora. Aman la libertad y son sociables y amables. Mal integrado puede implicar superficialidad, frialdad, rebeldía, falsedad e indecisión.

Agua (Cáncer, Escorpio, Piscis)

Los signos de agua son emocionales, sentimentales y empáticos. Intuitivos, ven más allá de lo meramente material o superfluo. Con tendencia a interesarse en lo espiritual o místico. Mal integrado puede llevar a infantilismos, inestabilidad, falta de claridad y dispersión.

POLARIDADES (positiva y negativa)

Las polaridades hablan de la actitud de cada grupo de signos en el planeta donde se encuentren.

Positiva/Activa/Masculina (recibe las tres denominaciones)

Son los signos de aire y fuego. Las posiciones en estos signos empujarán a la persona a entrar en acción.

Negativa/Pasiva/Femenina (recibe las tres denominaciones)

Son los signos de agua y tierra. Las posiciones en estos signos llevarán a la persona a ser más tradicional y estática en el ámbito del planeta donde se encuentren estos signos.

MODALIDADES O CUALIDADES (cardinal, fijo, mutable)

Las modalidades nos hablan de la manera que tiene la persona de afrontar las disyuntivas; es decir, en una circunstancia de cambio, qué tipo de actitud adopta. Las modalidades nos ayudan a matizar las características de la carta natal. Dos personas pueden ser del mismo elemento y manifestar la naturaleza de este de maneras completamente distintas según las modalidades. Las modalidades de los signos muestran si la persona es activa y persigue sus objetivos, si le cuesta enfrentarse a los cambios o si directamente no se plantea este tipo de cuestiones...

SIGNOS CARDINALES
(Aries, Cáncer, Libra y Capricornio)

Signos que marcan el inicio de las estaciones: equinoccio y solsticio. Pueden adoptar posiciones de liderazgo, suelen tomar la iniciativa ante un problema o desafío, especialmente Aries y Capricornio. Pueden ser emprendedores y tienen fuerza de voluntad.

SIGNOS FIJOS
(Tauro, Leo, Escorpio y Acuario)

Se encuentran en la mitad de las estaciones (primavera, verano, otoño e invierno). Tienen una personalidad más rígida que los cardinales, por lo que prefieren las reglas y las estructuras. Son resistentes, obstinados y perseverantes. Les cuesta gestionar los cambios.

SIGNOS MUTABLES
(Géminis, Virgo, Sagitario y Piscis)

Después de los signos fijos, simbolizan el final de cada estación. Tienen mucha capacidad de adaptación a los cambios y pueden resultar poco claros o cambiantes. Además, son versátiles y espontáneos.
También son polivalentes y contradictorios; pueden pecar, asimismo, de irresponsables.

Además, ¿sabías que cada signo se asocia con una parte del cuerpo?

En la Edad Media, la astrología y la medicina guardaban una estrecha relación. Se pensaba que, en función de la carta astral de cada uno, se era más propenso a padecer unas dolencias u otras.

Tauro
Garganta, cuello y cervicales.

Cáncer
Sistema respiratorio, pecho y, sobre todo, pulmones.

Escorpio
Relación con los genitales, problemas de infertilidad.

Sagitario
Asociado con el sistema locomotor y también con los muslos.

Piscis
Relacionado con los pies, el sistema nervioso y los cambios de humor.

Aries
Cabeza, cráneo y cara.

Géminis
Extremidades superiores: brazos y hombros.

Leo
Estómago (dolores estomacales, indigestiones) y riñones.

Libra
Se vinculaba a las nalgas y a la sangre.

Capricornio
Guardaba relación con el esqueleto, los dientes y las uñas.

Acuario
Se asociaba a las pantorrillas.

A continuación, veremos cada signo individualmente: sus características, el origen mitológico de la constelación asociada a cada uno, sus compatibilidades y asociaciones. Pero recuerda que para saber cuál es la compatibilidad entre dos personas no es suficiente con conocer el signo de Sol. Deberás comprobar Sol, Luna, Venus y Marte para empezar, pero ya lo veremos más adelante.

LOS EJES: SIGNOS COMPLEMENTARIOS

Los ejes los forman pares de signos que se oponen entre sí. Con distinta sensibilidad, se complementan de manera perfecta. En cuanto a compatibilidades, son signos que crean parejas muy fuertes. En la carta astral de gemelos, un gemelo tiene la energía del signo de nacimiento, y el otro, la del signo opuesto, complementario del de su hermano, y no solo en su signo de Sol, sino también en los demás planetas.

EJE ARIES-LIBRA

Ambos signos buscan la satisfacción. Aries es más individualista y tiene más impulso de inicio. Libra es mejor en el proceso y busca el equilibrio y el bien para todos. Juntos, conseguirán satisfacer sus deseos, pues uno aporta el empuje y cierto egoísmo (Aries) y otro el balance y la armonía (Libra).

EJE TAURO-ESCORPIO

El apasionado, intenso y provocador Escorpio encuentra su opuesto en el tranquilo, sosegado y estructurado Tauro. Comparten ser femeninos y de cualidad fija, ambos son reservados y no se rinden ante las adversidades.

EJE GEMINIS-SAGITARIO

Los dos son signos masculinos y mutables. Son abiertos y extrovertidos, y se adaptan bien a los cambios. Son los dos muy dinámicos, pero Sagitario es un signo que puede tener una vertiente más filosófica que Géminis. Este le aporta diversión y le enseña a no tomarse la vida tan en serio, y Sagitario expande los horizontes de Géminis.

EJE CÁNCER-CAPRICORNIO

Son ambos femeninos y cardinales. Capricornio aporta arquetípicamente todo lo relacionado con el trabajo, la estructura, la razón, y Cáncer el hogar, lo maternal, el sentimiento. Ambos son convencionales y buscan la seguridad en su pareja, el realismo de Capricornio a Cáncer le da seguridad, y el cariño de este hace sentirse querido al primero, que en general es muy reservado.

EJE LEO-ACUARIO

Ambos son signos masculinos y fijos, extrovertidos y alegres. Leo es muy individualista, mientras que Acuario, como signo de aire, tiene valores más enfocados al colectivo, incluso a lo humanitario. Ambos son idealistas, destacan sin pretenderlo y juntos pueden llegar a realizar grandes cambios.

EJE VIRGO-PISCIS

Son mutables y femeninos. Virgo es realista, práctico y trabajador, mientras que Piscis es soñador y emocional. En común tienen su vocación al servicio al otro y su compasión. Virgo ayudará a Piscis a mantener los pies en la tierra y a concretar sus ideas, y Piscis a Virgo a mirar mucho más allá de lo material y racional.

Aries

21 MARZO - 20 ABRIL

Regente: Marte

Elemento: fuego

Modalidad: cardinal
Polaridad: positiva

Casa 1: individualidad, imagen propia

Tanto si tu Sol está en Aries como si tienes algún otro planeta en este signo, está claro que el rasgo más distintivo de los arianos es ser personas enérgicas y entusiastas. Pueden llegar a ser algo argumentativos, incluso tercos y agresivos (aunque ellos mismos lo negarán).

Al ser el primer signo del Zodíaco, es fácil recordar cuál es el papel que suelen adoptar: el de líder. Los Aries tienen clarísimo cuándo, cómo y por qué hacen las cosas y disfrutan dando instrucciones para que todo salga a la perfección. Eso sí, puede que los problemas surjan a la hora de negociar: sobre todo con personas más lentas o tranquilas que ellos, pueden llegar a mostrarse bastante impacientes, ya que los Aries buscan resultados inmediatos a través de la impulsividad que los caracteriza.

También pueden ser algo celosos o posesivos, pero se trata de un signo carismático y con una seguridad propia que suele deslumbrar.

ARIES
Signo de fuego, cardinal y masculino.
Fechas: 21 de marzo - 20 de abril

Virtudes: es líder natural, con iniciativa, seguro de sí mismo, optimista, directo, enérgico, activo. Tiene mucho empuje. Es generoso y no tiene dobleces. Los enfados se le pasan rápido. Es atrevido, sabe defenderse, es valiente, sociable y coqueto.
Defectos: es irascible, furioso, colérico e impulsivo. Le falta autocontrol. Puede resultar mandón. No le gusta recibir órdenes. Es tan directo que puede ser insensible. Dado a gritar y chillar. Arriesga demasiado, es egocéntrico y materialista. Tiene poca paciencia.

Constelación

La constelación de Aries se sitúa entre las constelaciones de Piscis, al oeste, y Tauro, al este. Otras constelaciones cercanas son Perseo, el Triángulo y Cetus (mira el mapa de estrellas de las páginas anteriores).

Se trata de una constelación mediana. Arietis es su estrella más brillante, seguida por Sheratan, Mesarthim y Botein. Su nombre procede del sánscrito, idioma de la India y uno de los más antiguos del mundo, y del árabe. A Arietis también se la conoce como Hammal, «cabeza de carnero» en árabe.

Regente de Aries: Marte

Tal como veremos en el capítulo 4, Marte es el regente de Aries. Es el dios romano de la guerra. Se relaciona también con la energía sexual activa, la violencia y la impulsividad. Todas estas características quedan reflejadas en mayor o menor medida en este signo tan pasional y activo.

Venus tiene su detrimento en Aries, el Sol su exaltación en este signo y Saturno su caída. Veremos lo que significa en el capítulo siguiente.

¿Cómo gestionar la energía de Aries?

Tanto si tienes el Sol como otros planetas en Aries (consulta el capítulo 4, «Los planetas astrológicos»), hay ciertos temas que pueden interesarte. Vamos a ver cómo sacar el mayor partido a esta energía tan intensa y pasional.

Generalmente, durante el transcurso de su vida, los Aries deberán aprender a ser más pacientes con los demás, menos intolerantes y a desarrollar la constancia. Son personas con mucha energía, por lo que sería muy bueno para ellos practicar algún deporte o actividad física para focalizar toda esa vitalidad en algo positivo y reducir la agresividad. Pueden tender a ser algo dominantes con su pareja, lo cual no es algo necesariamente negativo, pero sí deberán tener cuidado para no lastimar sentimientos ajenos. Si eres Aries y no te sientes identificado, recuerda que calculando tu carta astral puedes ver qué más tipos de energía integras y de qué signos tienes características. Si Marte estuviera en este signo, sería muy potente y la persona sería muy sexual, y, posiblemente, impulsiva y arriesgada en su vida sentimental, como ya veremos.

Amuletos para Aries

Aries es un signo muy enérgico y decidido, y hay dos tipos de amuletos que pueden ayudarlo a sacar partido a toda esa energía.
- Amuletos que los ayuden a relajarse y tomar decisiones con menos impulsividad.
- Amuletos que realcen las cualidades positivas.

Nombre	Tipo de amuleto		Finalidad
Rubí	Piedra (preciosa) roja		Equilibra su lado posesivo. Ayuda a potenciar el talante, la alegría y el dinamismo equilibrado.
Amatista	Piedra (preciosa) lavanda/roja		Equilibra y calma, evita la frustración y el enfado.
Jaspe rojo	Piedra (semipreciosa) roja		Protege de energías negativas, incrementa la paciencia y la voluntad.
Diamante	Piedra (preciosa) transparente		Piedra de la suerte de Aries. Potencia el brillo natural de los Aries, simboliza el poder.
Tulipán	Flor		Flor de la amistad. Realza el entusiasmo y la energía, mejor rojo.
Rojo	Color		Es el color de la suerte de Aries. Si te sientes alicaído y eres Aries, prueba a llevar una cinta o prenda roja; es el color de tu regente: Marte.

Carta del tarot asociada: el emperador
Cada signo tiene una carta del tarot asociada, que representa de manera simbólica alguna de sus características. En el caso de Aries es el emperador. Representa el poder, la fuerza, a una persona brillante y con autoridad; sin embargo, puede relacionarse en su vertiente negativa con la violencia y el abuso de poder.

Aries famosos: Quentin Tarantino, Mariah Carey, La Zowi, Robert Downey Jr., Lady Gaga...

2 EL EMPERADOR 2

Ritual para Aries para potenciar la constancia y atraer buenas vibras

Necesitas:

- 3 velas amarillas
- 1 amatista
- 1 tela blanca

Procedimiento:

La noche antes de tu cumple, pon las velas formando un triángulo con la amatista en medio. Piensa en todas las metas que deseas cumplir y deja las velas encendidas hasta que se consuman. El día de tu cumpleaños, envuelve la amatista en una tela blanca y llévala contigo durante diez días.

compatibilidades de Aries

Recuerda comprobar tu signo
de la Luna, Venus y Marte además del signo del Sol.

+(OTRO) ARIES
♥♥♥♥♥♥♥♥♡♡

El fuerte carácter y la irascibilidad de ambos puede causar conflictos, pero a nivel sexual y mental son muy compatibles.

+ LEO
♥♥♥♥♥♥♥♥♥♡

Muy buena pareja, de las mejores del Zodíaco. Se protegerán y motivarán el uno al otro, juntos son invencibles.

+ SAGITARIO
♥♥♥♥♥♥♥♥♥♡

Aunque Sagitario es algo más despreocupado e independiente, sus energías se sincronizan muy bien. Ambos son apasionados, dinámicos y tienen ganas de pasarlo bien.

+ LIBRA
♥♥♥♥♥♥♥♡♡♡

Libra dará a Aries equilibrio y este a Libra determinación. Ambos comparten un cierto materialismo, deberán tener cuidado con las codependencias.

+ ACUARIO
♥♥♥♥♥♥♥♡♡♡

Se divierten juntos, pero los celos de Aries pueden pasar factura a la relación, así como el deseo de libertad de Acuario hacer sentir inseguro a Aries. Aunque hay atracción, puede complicarse a largo plazo.

+ GÉMINIS
♥♥♥♥♥♥♥♡♡♡

Mucha atracción entre ambos. La elocuencia de Géminis fascina a Aries, y este maravilla a Géminis con su seguridad. Pueden cansarse en poco tiempo de sus dinámicas, ya que ambos son impulsivos y cambiantes.

+ PISCIS
♥♥♥♥♥♥♡♡♡♡

Aunque puede existir atracción, Aries tenderá a dominar a Piscis anulándolo un poco. Este puede llegar a ser demasiado complaciente y perderse a sí mismo en el fuerte carácter de Aries.

+ ESCORPIO
♥♥♥♥♥♥♡♡♡♡

Ambos signos son muy intensos: a nivel físico, buena compatibilidad, pero en lo emocional Escorpio puede encontrar a Aries muy impulsivo y superficial, y Aries a Escorpio un poquito raro y pesimista.

+ CÁNCER
♥♥♥♥♥♡♡♡♡♡

Cáncer es muy sensible y la brusquedad de Aries puede hacer que la relación no prospere. Ambos deberán hacer un gran esfuerzo por entenderse.

+ TAURO
♥♥♥♥♥♡♡♡♡♡

Aries es impaciente y Tauro puede encontrar a Aries demasiado agresivo. Los dos disfrutan con los placeres de la vida y eso es lo que puede unirlos más a largo plazo.

+ VIRGO
♥♥♥♥♥♡♡♡♡♡

La mente analítica de Virgo nada tiene que ver con la dinámica e impulsiva mente ariana. Hará falta un gran esfuerzo por ambas partes por entenderse.

+ CAPRICORNIO
♥♥♥♥♡♡♡♡♡♡

Son signos muy diferentes. La frialdad de Capricornio choca frontalmente con la apasionada disposición de Aries. Complicado que funcione, será necesario un gran esfuerzo.

EL MITO QUE DA ORIGEN A ARIES:
El vellocino de oro

La constelación de Aries representa a un carnero, en concreto al del mito griego del vellocino de oro. Aunque aparece en varias historias, las más importantes son la que cuenta el origen de la constelación y la de Jasón y los argonautas.

La primera es la siguiente:

El rey Atamante tenía dos hijos, Hele y Frixo, de su primer matrimonio, con la reina Néfele. Esta falleció y Atamante se casó con Ino, que era bastante mala y planeó asesinar a los dos hijos de su marido para que los suyos heredaran el reino. Pero el dios Hermes (o Zeus, según la versión), que lo estaba viendo todo, se apiadó de Hele y Frixo y les envió un carnero alado mágico, el vellocino, para que los salvara. El animal se los llevó volando a nuevas tierras, pero Hele cayó al mar en la huida. Frixo, que tras el percance ya no se fiaba mucho de las dotes de vuelo del vellocino, continuó junto a él su viaje, pero esta vez a pie. Siguió hasta que llegó al bosque sagrado de Ares, perteneciente a las tierras del rey Aetes. Este acogió a Frixo y él en señal de gratitud (o porque estaba ya hartito del dichoso vellocino), sacrificó al carnero y lo dejó colgado de una encina del bosque.

Los dioses, viendo que el vellocino había hecho una gran labor (pasando por alto que uno de los hermanos se cayó al mar y murió), decidieron convertirlo en una constelación para que así siempre fuera recordado, y de aquí viene el origen de esta.

Un tiempo después, nació Jasón. Era hijo de Esón y legítimo heredero del trono de Yelcos, pero el hermano de su padre, Pelias, se había hecho con el trono. El Oráculo advirtió a Pelias: «Te has apropiado del trono un poco chapuceramente; que sepas que un descendiente de tu hermano buscará venganza». Pelias tuvo clarísimo que el Oráculo hablaba de Jasón, así que le ordenó a este que emprendiera una tarea casi imposible: que recuperara el vellocino de oro. Entonces, Jasón, siguiendo las órdenes del rey Pelias, comenzó su viaje: las Argonáuticas. La historia de Jasón y los argonautas es de las más conocidas de la mitología.

Para que la misión fuera exitosa, Jasón reclutó a los mejores guerreros, los héroes más importantes de Grecia, incluidos Hércules y Orfeo. Después de un largo y agitado viaje, llegaron a Cólquida, donde Jasón le pidió al rey Eetes que le diera el vellocino de oro. Este consintió, pero con la condición de que superara una prueba bastante difícil y un poco absurda: arar la tierra usando dos toros con patas metálicas que arrojaban llamas de las fosas nasales y luego sembrar unos dientes de dragón. Eetes no advirtió a Jasón de que al sembrar los dientes un ejército saldría de la tierra para atacarlo.

Medea, la hija de Eetes, le dio a Jasón un ungüento que lo haría invencible y le contó el plan de su padre, así que Jasón consiguió pasar la prueba, mató al dragón que custodiaba el vellocino y escapó con Medea. La verdad es que la cosa salió bien gracias a ella...

Volvieron al reino de Pelias tras muchos problemas y la historia terminó felizmente.

CÚSPIDE ARIES-TAURO

19 abril – 25 abril

Cúspides son las personas nacidas en los días inmediatamente anteriores y posteriores al cambio de temporada astrológica. Las personas nacidas en esas fechas tendrán rasgos tanto del signo anterior como del posterior. Dependiendo del resto de su carta astral, podrán sentirse identificadas con su signo de Sol o con el otro signo próximo a la fecha de su nacimiento.

La cumbre Aries-Tauro se caracteriza por dar a sus nativos dos de las mejores características de ambos signos: el impulso de inicio de Aries y la tenacidad de Tauro. Tendrán ideas líderes en su campo, iniciativa y emprendimiento, y la constancia necesaria para no perder el entusiasmo a lo largo del tiempo.

El enérgico carácter de Aries encuentra la estabilidad con los matices de Tauro. Pero el carácter inflamable propio de Aries también se une a la cabezonería de Tauro, lo que puede dar lugar a personas tercas y con mal genio, pero también leales y muy protectoras.

Tauro

21 ABRIL - 20 MAYO

Regente: Venus

Elemento: tierra

Modalidad: fija
Polaridad: negativa

Casa 2: recursos materiales, intelectuales, talentosos y habilidades

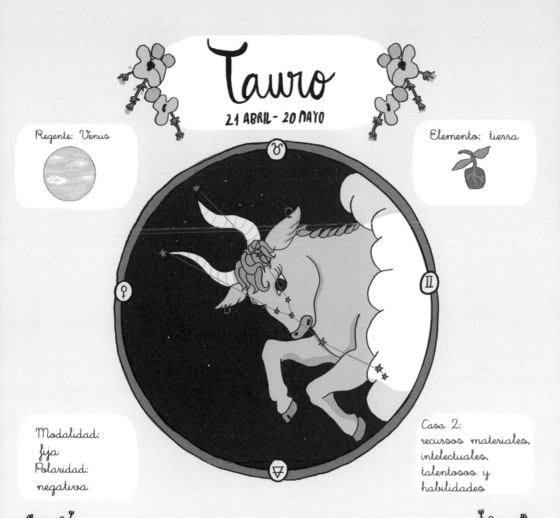

Tanto si tu Sol está en Tauro como si tienes algún otro planeta en otro signo, las características más distintivas de Tauro son la firmeza, la tenacidad y la tranquilidad. Al estar regido por Venus, las mujeres Tauro son especialmente atractivas. Además, también gracias a Venus, son personas con mucha sensibilidad estética, gustan de ambientes refinados y disfrutan de los placeres de la vida. Suelen estar de buen humor, pero al ser signo de tierra, necesitan estabilidad y en sus relaciones son constantes y leales.

Dentro de los signos de tierra, que en general tienen fama de serios y responsables, son los más despreocupados, les gusta disfrutar y pasarlo bien, pueden ser algo materialistas y muy cabezotas. Encuentran seguridad en lo material y, en la parte positiva, son muy constantes tanto en sus afectos como cuando se marcan un objetivo, pero suelen ser perezosos si la actividad que desarrollan no es de su agrado.

Se suele decir que a los Tauro solo les gusta comer y dormir, y aunque no es así, este tópico viene de lo tranquilos y disfrutones que son.

TAURO
Signo de tierra, fijo y femenino.
Fechas: 21 abril - 20 de mayo

Virtudes: es paciente, amigable, tranquilo, confiable, constante, fiel, leal. Calmado al decidir. Realista, sensato, práctico, hogareño y prudente. Defectos: intolerante, obstinado, orgulloso. Es lento en la toma de decisiones, cabezota, tiene poca iniciativa, es pasivo y materialista. Es rutinario, sedentario y tozudo.

Constelación

La estrella más brillante de la constelación de Tauro es Aldebarán. Aunque ya se observó en la Antigüedad, su nombre es árabe y significa «la que sigue», ya que parece que va siguiendo al cúmulo de las Pléyades. Esta estrella está muy cerca de la eclíptica y la Luna la tapa con frecuencia y en intervalos de tiempo regulares. β Tauri y ζ Tauri son las estrellas que forman los cuernos del toro.

Regente de Tauro: Venus

Tal como veremos en el capítulo 4, Venus es la diosa romana del amor y la belleza. Se relaciona con el sentido de la estética y la atracción romántica. Al ser un signo femenino y regido por Venus, las mujeres Tauro suelen ser muy sensuales y atractivas, y tener aptitudes para todo lo relacionado con lo estético.

Los campos como el diseño, la decoración o la moda son áreas en las que Tauro puede destacar. También en lo que respecta a cuidar a los desprotegidos, como la enfermería o la medicina; además, suelen ser amantes de los animales y les gustan los niños.

En la cultura griega, la diosa equivalente a Venus es Afrodita, de la que proviene la palabra «afrodisíaco», «que da placer y disfrute».

Marte tiene su detrimento en Tauro, la Luna tiene su exaltación en este signo y Urano su caída. Veremos lo que esto significa en el capítulo siguiente.

¿Cómo gestionar la energía de Tauro?

Tanto si tienes el Sol como otros planetas en Tauro (consulta el capítulo 4, «Los planetas astrológicos»), hay ciertos temas que pueden interesarte. Vamos a ver cómo sacar el mayor partido a esta energía tan constante y tranquila.

Por lo general, durante el transcurso de su vida, los Tauro deberán aprender a ser más tolerantes con los demás, menos cabezotas y orgullosos. Esto no quiere decir que tengan que cambiar su manera de ser, sino que deben aprender a ser más flexibles para alcanzar su máximo potencial.

Un buen ejercicio para Tauro es hacer limpieza en casa y desprenderse de cosas que no use. Los Tauro tienden a cumular muchas posesiones y aunque esto en sí mismo no es malo, viene bien deshacerse de cosas que ya no nos satisfacen para encontrar otras mejores o más gratificantes. Ordena y, cuando decidas qué cosas tirar, puedes agradecer el papel que han cumplido en tu vida y dejarlas ir.

Amuletos para Tauro

Tauro es un signo muy tranquilo y despreocupado, y hay dos tipos de amuletos que pueden ayudarlo a sacar partido a su energía:
- Amuletos que atraigan la seguridad y los bienes materiales.
- Amuletos que lo ayuden a dejar ir situaciones, personas u objetos que ya no le aportan felicidad.

Nombre	Tipo de amuleto		Finalidad
Lapislázuli	Piedra (semipreciosa) azul		Ayuda a profundizar en nuestra espiritualidad y despertar encontrar destino y propósito divino.
Turmalina azul	Piedra (semipreciosa) azul		Potencia la intuición y la toma rápida de decisiones, así como la espiritualidad.
Esmeralda	Piedra (preciosa) verde		Potencia el amor, la comprensión, la empatía y la tolerancia.
Cuarzo rosa	Piedra (semipreciosa) rosa		Piedra relacionada con Venus, la diosa del amor y planeta regente de Tauro, refuerza la compasión.
Margarita	Flor		Flor de la armonía. Potencia la resiliencia y la amabilidad.
Rosa	Color		Es el color de la suerte de Tauro. Si te sientes triste o incomprendido, lleva una prenda o complemento de color rosa. Aporta armonía, dulzura y equilibrio.

Carta del tarot asociada: el sumo sacerdote
Cada signo tiene una carta del tarot asociada que representa de manera simbólica alguna de sus características.
En el caso de Tauro es el sacerdote. Tauro se relaciona con la tradición, lo objetivo, la calma y el bien establecido, al igual que esta carta.

Tauro famosos: Jessica Alba, Megan Fox, Travis Scott, Gigi Hadid, Robert Pattinson, Cher, Penélope Cruz, la reina Isabel II de Inglaterra...

5 EL SACERDOTE 5

Ritual para Tauro para atraer el dinero y la prosperidad

Necesitas:

- Una cadena de plata
- Una vela blanca y otra verde
- Una rosa blanca

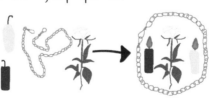

Procedimiento:

La noche antes de tu cumpleaños, pon la cadena en forma de círculo, las dos velas rodeando la rosa blanca, enciende las velas y di: «Dama de la Suerte, bendíceme con tu luz, atrae para mí el dinero y la fortuna. Dama de la Suerte, ilumíname con tu luz». Espera a que las velas se consuman.

Compatibilidades de Tauro

Recuerda comprobar tu signo
de la Luna, Venus y Marte además del signo del Sol.

+(OTRO) TAURO

♥♥♥♥♥♥♥♥♡♡

Son constantes en sus afectos, tranquilos y adoran la estabilidad. Pueden surgir roces por la inflexibilidad de ambos, son cabezotas y es posible que se estanquen en la rutina (aunque les encanta).

+ VIRGO

♥♥♥♥♥♥♥♥♥♡

Al ser los dos signos de tierra, ambos serán tranquilos y hogareños. Virgo será algo más analítico y cerebral que Tauro, que prefiere disfrutar y relajarse. Virgo puede ayudar a Tauro a ser más activo, y este a Virgo a disfrutar más. Buen combo.

+ CAPRICORNIO

♥♥♥♥♥♥♥♥♥♡

A pesar de ser Capri más ambicioso y frío, ambos tienen valores tradicionales y necesitan seguridad. La calidez venusina de Tauro ayudará a Capri a abrirse, y la ambición de Capri y la constancia de Tauro harán de esta una gran pareja.

+ ESCORPIO

♥♥♥♥♥♥♥♡♥♡

Tauro puede encontrar la seguridad que busca en este apasionado signo. Escorpio puede ser más misterioso y emocional que Tauro, pero la pasión y un amor duradero son posibles. Se aportan seguridad y pasión.

+ PISCIS

♥♥♥♥♥♥♥♥♡♡

La sensibilidad de Piscis y la constancia de Tauro pueden complementarse muy bien. El problema pueden ser los cambios emocionales de Piscis, pues Tauro es más constante e inflexible. La ternura de Piscis puede ser irresistible para Tauro.

+ CÁNCER

♥♥♥♥♥♥♥♥♡♡

Aunque el temperamento de Cáncer es algo cambiante, la paciencia de Tauro podrá llevar estos repentinos cambios de humor, pues sabe que bajo la superficie encuentra en el cangrejo a una persona cariñosa y que disfruta de la vida igual que el torito.

+ LIBRA

♥♥♥♥♥♥♡♡♡♡

Ambos regidos por Venus, encontrarán el uno en el otro inspiración, armonía y belleza. Pero Libra es más volátil que Tauro y este puede sentir que se descuidan un poco sus necesidades emocionales.

+ GÉMINIS

♥♥♥♥♡♡♡♡♡♡

La independencia, rapidez mental y los cambios de opinión de Géminis pueden confundir al tradicional y tranquilo Tauro. Harán falta altas dosis de esfuerzo por ambas partes para que funcione, y mucho tacto.

+ ACUARIO

♥♥♥♡♡♡♡♡♡♡

Aunque la seguridad y tozudez taurina puede parecerle intrigante a Acuario, sus necesidades emocionales son muy diferentes. Acuario es muy independiente y cambiante, y Tauro suele anteponer su tranquilidad a las idas y venidas de Acuario.

+ ARIES

♥♥♡♡♥♡♥♥♥♥

Ambos son tan cabezotas e intransigentes que entenderse será complicado. La impulsividad de Aries puede parecerle incomprensible a Tauro, y Aries puede ver al toro como lento y sin chispa. Será necesario trabajar la paciencia para entenderse.

+ LEO

♥♥♥♡♥♡♡♥♥♡

El carisma leonino puede fascinar a Tauro al principio, y Leo disfrutará de las atenciones y cuidados de Tauro. Sin embargo, Leo ama tontear y es bastante egoísta, cosa que Tauro puede no comprender. Por ello, a largo plazo puede ser difícil.

+ SAGITARIO

♥♥♡♡♥♡♥♡♥♡

Sagitario, alma libre por excelencia, viajero, no puede quedarse quieto: choque frontal con el reflexivo y pausado Tauro. Para que funcione, ambos deberán practicar la tolerancia y respetar mucho su espacio y sus tiempos.

El rapto de Europa

No es ningún secreto que Zeus es el dios del Olimpo más *fuckboy* de la vida. Cuando alguna mortal le gustaba, no tenía problema en secuestrarla, violarla y a otra cosa, mariposa. Aunque ya se sabe que no podemos juzgar la historia, y mucho menos la mitología, aplicando los valores actuales, la verdad es que Zeus me cae fatal (no me escondo).

El mito de Europa es una de esas historias que parten del encaprichamiento de Zeus por una mortal. En este caso, la muchacha en cuestión era por supuesto muy hermosa y disfrutaba de hacer cosas normales de chica normal, como pasear con sus amigas y recoger florecillas en el campo. En una de estas, Europa estaba precisamente paseando con sus amigas cuando se encontró con Zeus, que se había convertido en un toro blanco. Europa, al ver al animal, y por supuesto sin saber que en realidad se trataba de un dios un poco salidillo, se acercó y lo acarició, fascinada por su belleza. La chica se puso a jugar con él, le hizo una guirnalda de flores y al final viendo que era muy manso, se subió a su lomo. Entonces, Zeus salió corriendo con Europa encima.

Para demostrarle su amor y que ella entendiera que él en realidad tenía cero malas intenciones, Zeus creó una constelación que recreaba en las estrellas al toro blanco, forma que había elegido el dios para engañar a Europa y secuestrarla. No sé qué pensaría Europa de todo esto, pero por lo visto a Zeus debió de parecerle el culmen del romanticismo. Este es el origen de la constelación de Tauro, que se encuentra entre las constelaciones de Aries y Géminis.

A Europa, entonces, la acogió el rey de Creta, que se casó con ella y adoptó a sus hijos. La mención más antigua de este mito está en la *Ilíada* y en el *Catálogo de mujeres* de Hesíodo. Otra versión más benigna del mito narra cómo Zeus, efectivamente, rapta a Europa, pero al llegar a Creta le revela su verdadera identidad y ella accede a los deseos de Zeus.

También se cuenta que, además de la constelación de Tauro, para conmemorar su encuentro, Zeus le hizo a Europa otros regalos: un collar fabricado por Hefesto (el dios herrero); un autómata de bronce, Talos; un perro que nunca soltaba su presa, Lélape; y una jabalina que nunca fallaba el tiro.

El rapto de Europa, además, ha sido motivo artístico para muchos autores: Tiziano, Rubens, Rembrandt, Picasso...

El toro de Creta

Existen otros mitos en torno al Toro, como el del minotauro y el toro de Creta, que además se menciona en los doce trabajos de Heracles. En esta historia, el rey de Creta, Minos, prometió hacer una ofrenda al dios del mar, Poseidón. A este le pareció fantástico e hizo salir del mar un toro bonito y grande para que lo sacrificaran en su nombre. Al ver el toro, Minos se quedó muy impresionado y en vez de sacrificarlo, prefirió quedárselo para que viviera con el resto de los toros que ya poseía (sabiendo cómo se las gastaban los dioses, a quién se le ocurre). Obviamente a Poseidón le pareció una falta de respeto imperdonable e ideó su venganza: hizo que la reina Pasífae se enamorara del torito. Meses después la reina dio a luz una extraña criatura, mitad hombre mitad toro, el famoso minotauro. El rey Minos quedó muy afectado (normal, también te digo) e hizo encerrar al minotauro... Pero lo que pasó con el minotauro es otra historia.

En cuanto al famoso toro de Poseidón, además de grande y bonito era muy fuerte e indomable, y fue Heracles quien pudo con él y lo sacó de Creta. Intentó ofrecer el toro a los dioses como ofrenda, pero ninguno lo quiso. Heracles, que tenía una vida más allá del toro y ya no sabía qué hacer con él, lo dejó libre en plan: mira, yo ya lo siento, pero esto no es problema mío. El toro se dedicó por un tiempo a sembrar el caos en varios pueblos y ciudades hasta que otro héroe, Teseo, decidió acabar de una vez por todas con la vida del animal.

CÚSPIDE TAURO-GÉMINIS

17 de mayo - 23 de mayo

Cúspides son las personas nacidas en los días inmediatamente anteriores y posteriores al cambio de temporada astrológica. Las personas nacidas en esas fechas tendrán rasgos tanto del signo anterior como del posterior. Dependiendo del resto de su carta astral, podrán sentirse identificadas con su signo de Sol o con el otro signo próximo a la fecha de su nacimiento.

La cumbre Tauro-Géminis se caracteriza por dar a sus nativos dos de las mejores características de ambos signos: la constancia de Tauro y la curiosidad de Géminis. Parecen serios, estables y de fiar como un Tauro, pero sorprenden y mucho. Tienen el sentido de innovación y las ideas peculiares característicos de los signos de aire, en especial los Géminis.

Pueden confundir a su pareja, dado que por un lado demandan mucha confianza, pero por otro necesitan su espacio y mucha libertad e independencia.

Géminis
21 MAYO - 20 JUNIO

Regente: Mercurio

Elemento: aire

Modalidad:
mutable
Polaridad:
positiva

Casa 3:
capacidad de
comunicación,
infancia y familia

Tanto si tu Sol está en Géminis como si tienes algún otro planeta en este signo, las características más distintivas de Géminis son la facilidad de comunicación, la adaptabilidad y la creatividad. Al estar regido por Mercurio, la comunicación será un tema clave. Serán personas con gran capacidad para encontrar soluciones innovadoras y comunicarlas de manera atractiva; son sociables, abiertos y están siempre dispuestos a aprender cosas nuevas. Se trata de un signo muy dual; es decir, por un lado tienen esta vertiente más extrovertida, pero por otro son personas profundas que necesitan mucha independencia y tiempo en soledad.

Entre los signos de aire, que en general son muy extrovertidos y comunicativos, se podría decir que Géminis es el más intelectual. Pueden ser buenos escritores, oradores o cómicos, tienen mucho sentido del humor y disfrutan hablando. Son muy independientes y encuentran la pareja ideal cuando alguien respeta su espacio y no les corta las alas, hace que se interesen por temas nuevos y no se escandaliza por sus alocadas ideas.

GÉMINIS
Signo de aire, mutable y masculino.
21 de mayo - 20 de junio

Virtudes: es comunicativo, simpático, hablador,
creativo, polifacético, resolutivo, curioso, versátil,
expresivo, dinámico, imaginativo, jovial, carismático.
Defectos: cambia mucho de opinión, de humor volátil, inconstante,
disperso, intranquilo, irresponsable, mentiroso (a veces por agradar),
infiel. Se aburre con facilidad, tiene doble cara, es impaciente.

Constelación

Se encuentra muy cercana a Orión y entre las constelaciones de Tauro y Cáncer.
Su estrella más brillante es Pólux. Este nombre hace referencia a uno de los dos
gemelos que denominan a la constelación; veremos el mito en las páginas siguientes.

Regente de Géminis: Mercurio

Tal como veremos en el capítulo 4, Mercurio es el regente de Géminis y también
de Virgo. Es el equivalente griego de Hermes, el dios de las sandalias aladas
encargado de llevar los mensajes de los dioses. En astrología, consecuentemente,
Mercurio rige la comunicación y los intercambios personales. Esto queda
reflejado en Géminis, el más locuaz, carismático y comunicativo de los signos
del zodíaco. Otros dioses asociados a la comunicación en otras culturas son:
  - Thot: dios egipcio de las comunicaciones y la escritura.
  - Ganesha: dios hindú de la sabiduría y la comunicación.
  - Loki: dios escandinavo del engaño y maestro de la elocuencia.

Júpiter tiene su detrimento en el signo de Géminis. Veremos en el capítulo
siguiente qué significa esto y por qué Géminis no tiene exaltación ni caída.

¿Cómo gestionar la energía de Géminis?

Tanto si tienes el Sol como otros planetas en Géminis (consulta el capítulo 4,
«Los planetas astrológicos»), hay ciertos temas que pueden interesarte. Vamos
a ver cómo sacar el mayor partido a esta energía tan dispersa y abierta.
    Generalmente, durante el transcurso de su vida, los Géminis deberán
aprender a ser más constantes para sacar el mayor potencial a su creatividad.
Serán buenos comunicadores y muy carismáticos, pero tienen que desarrollar
también la empatía y cierta estrategia. En las relaciones, si no tienen posiciones
en agua o tierra que los contradigan, tendrán cierto miedo al compromiso y se
aburrirán con frecuencia de su pareja si no les proporciona estímulos nuevos y
situaciones divertidas en las que improvisar y sorprenderse. Por ejemplo, una
Luna muy tranquila y estable, como puede ser la Luna en Tauro, anularía este
miedo al compromiso y haría que esta persona tendiera a encontrar relaciones
más estables y mantenerse en ellas. Si eres Géminis y no te sientes identificado,
recuerda que calculando tu carta astral puedes ver qué más tipos de energía
integras y de qué signos tienes características. Una posición muy potente para
Géminis es Mercurio; los individuos nacidos con esta posición tendrán gran
facilidad de palabra y creatividad.

Amuletos para Géminis

Géminis es muy disperso y creativo. Los mejores amuletos, por este motivo, son aquellos que refuerzan su creatividad, pero también los que ayudan a concentrarse y tener mayor constancia y paciencia.

Nombre	Tipo de amuleto	Finalidad
Ópalo	Piedra (semipreciosa) azul	Joya «doble». Representa la dualidad de este signo. Ayuda a aunar su naturaleza dual y calmar.
Topacio	Piedra (semipreciosa) amarilla	Despierta la creatividad, equilibra las emociones y da buena suerte.
Berilio	Piedra (semipreciosa) verde	Se asocia con la inteligencia. Ideal para la meditación y la relajación a la hora de tomar decisiones.
Aguamarina	Piedra (semipreciosa) azul verdoso	Piedra de la suerte de Géminis. Potencia su encanto y dialéctica.
Rosa	Flor	Al igual que Géminis tiene una doble naturaleza: espinas y belleza.
Amarillo	Color	Es el color de la suerte para Géminis. Está relacionado con el intelecto, la razón y la concentración. Ayuda a concretar los creativos proyectos geminianos.

Carta del tarot asociada: los amantes

Cada signo tiene una carta del tarot asociada, que representa de manera simbólica alguna de sus características. En el caso de Géminis es los amantes. Simboliza las relaciones no solo de pareja, sino los intercambios personales o de negocios.

Géminis famosos: Federico García Lorca, Angelina Jolie, Helena Bonham Carter, Naomi Campbell, Marilyn Monroe, Stevie Nicks...

6 LOS AMANTES 6

Ritual para Géminis para potenciar la constancia y atraer buenas vibras

Necesitas:

- Lápiz de grafito
- Papel

Procedimiento:

Aprovechando la capacidad de comunicación de este signo, la noche antes de tu cumpleaños escríbete una carta a ti mismo. Anota tus virtudes, tus objetivos, tus perspectivas de futuro. Guárdala debajo del colchón y léela cada vez que sientas que no merece la pena y quieras dejar de lado tus objetivos.

Compatibilidades de Géminis

Recuerda comprobar tu signo
de la Luna, Venus y Marte además del signo del Sol.

+(OTRO) GÉMINIS

♥ ♥ ♥ ♥ ♡ ♡ ♡ ♡ ♡ ♡

Ambos disfrutarán de la compañía del otro, nunca se aburrirán. Al ser algo inconstantes, puede que no se materialice en una relación formal, pero las risas están aseguradas.

+ ACUARIO

♥ ♥ ♥ ♥ ♥ ♥ ♥ ♥ ♡ ♡

Intelectualmente serán muy compatibles y ambos respetarán sus tiempos y espacios. Acuario posee una faceta más humanitaria, que expandirá los horizontes de Géminis.

+ LIBRA

♥ ♥ ♥ ♥ ♥ ♥ ♡ ♡ ♡ ♡

Aunque Géminis puede encontrar a Libra algo sensible y dependiente, este se esforzará en complacer a Géminis y respetará su espacio. Conversación fluida y gustos similares.

+ SAGITARIO

♥ ♥ ♥ ♥ ♥ ♥ ♥ ♥ ♡

Gran atracción. Ambos necesitan mucha libertad. Sagitario abrirá nuevos horizontes a Géminis, le ayudará a descubrir nuevos intereses y pasatiempos. Aventuras garantizadas.

+ LEO

♥ ♥ ♥ ♥ ♥ ♥ ♥ ♡ ♡

Existe una fuerte atracción entre ambos signos, pero los dos tienden a ser individualistas. A Géminis Leo le puede parecer algo egoísta y superficial, también celoso.

+ ARIES

♥ ♥ ♥ ♥ ♥ ♥ ♥ ♡ ♡ ♡

Atracción fuerte, ambos disfrutan de salir, divertirse y relacionarse en sociedad. Pero los celos de Aries y su carácter explosivo pueden desconcertar a Géminis y hacerle sentir preso.

+ PISCIS

♥ ♥ ♥ ♥ ♥ ♡ ♡ ♡ ♡

La sensibilidad y ensoñación pisciana puede hacer volar a Géminis, pero son ambos poco constantes y Piscis puede sentirse herido por la conducta errática de Géminis.

+ ESCORPIO

♥ ♥ ♥ ♥ ♡ ♥ ♡ ♡ ♡ ♡

Combinación complicada. La posesividad escorpiana puede manifestarse, pues Géminis no ofrece a este signo la seguridad que necesita. Géminis puede sentirse ahogado por la intensidad de Escorpio.

+ CÁNCER

♥ ♥ ♥ ♡ ♥ ♡ ♡ ♡ ♡ ♡

Cáncer busca la seguridad, el hogar y la protección. Géminis el cambio, la aventura y la innovación en sus relaciones, por lo que ponerse de acuerdo puede complicarse bastante.

+ VIRGO

♥ ♥ ♥ ♡ ♥ ♡ ♡ ♡ ♡

La rutina, la estabilidad y el orden de Virgo chocan frontalmente con el dinamismo de Géminis. Aunque comparten regente, Virgo es mucho más analítico y tranquilo que Géminis.

+ CAPRICORNIO

♥ ♥ ♥ ♡ ♥ ♡ ♡ ♡ ♡

Aunque puede existir atracción en un primer momento, Capricornio busca una estabilidad y seguridad que a Géminis puede parecerle aburrida. Buena combinación en amistad.

+ TAURO

♥ ♥ ♥ ♡ ♥ ♡ ♡ ♡ ♡

Tauro puede parecerle aburrido a Géminis, su lentitud al tomar decisiones llega a exasperarle. La cabezonería taurina y los cambios continuos de Géminis hacen que sea difícil congeniar.

EL MITO QUE DA ORIGEN A GÉMINIS:

Cástor y Pólux

Existen varias versiones de este mito y algunas son contradictorias entre sí. Veremos la más extendida.

Leda era la mujer de Tindáreo, rey de Esparta. Ambos se amaban mucho. Leda era muy hermosa y Zeus, por supuesto, se encaprichó de ella muchísimo. Como sabía que Leda amaba a su marido y que por muy dios del Olimpo que él fuera, ella no querría tener temita con él, a Zeus se le ocurrió una idea, como siempre de moralidad bastante dudosa: se convirtió en un cisne, y engañó a Leda para que se acostara con él. Esta se quedó embarazada de Zeus, pero poco después realiza el delicioso también con el rey, *aka* su marido, y TAMBIÉN se queda embarazada. Así que Leda lleva un doble bombo:

- Un bombo de Zeus convertido en cisne.
- Un bombo de su marido.

Nueve meses después, resulta que Leda estaba esperando gemelos por las dos partes, así que da a luz:
- Un niño y una niña mortales (Cástor y Clitemnestra).
- Un huevo.

El huevo eclosiona (no se sabe si Leda lo empolló o no después de ponerlo) y nacen otro par de gemelos: Pólux y Helena.

Por lo tanto, tenemos dos niños mortales, hijos del rey, y dos semidivinos, hijos de Zeus. Dos niños y dos niñas. Las niñas pasan a un segundo plano en esta historia, así que vamos a centrarnos en Cástor y Pólux.

Aquí es donde la historia se vuelve un poco ambigua. A pesar de ser Cástor y Pólux hijos de distintos padres, son inseparables, se quieren muchísimo, se parecen mucho físicamente (ambos son muy blancos, como el cisne que es su padre, al menos de uno de ellos) y según van creciendo se convierten en guerreros muy hábiles.

Un día Cástor tiene un accidente y fallece. Pólux, muy apenado, le ruega a su padre Zeus que le conceda la inmortalidad a tu hermano, y Zeus conmovido (a pesar de ser un *fuckboy* tenía sentimientos), decide darles la inmortalidad a los dos (2 × 1 ese día en el Olimpo). Zeus decide crear una constelación en honor de estos hermanos tan unidos, y este es el origen de la constelación de Géminis.

Representación de Géminis

A pesar de su origen mitológico como dos gemelos varones, la imagen astrológica de Géminis también puede representarse con dos figuras femeninas. Esta representación es posterior y se popularizó en los horóscopos del siglo xx; hoy en día es mucho más popular y extendida que la de los legendarios Cástor y Pólux, representados con un casco en forma de cáscara de huevo, Cástor con un látigo —era un hábil domador de caballos— y Pólux con un garrote —era experto en el combate cuerpo a cuerpo—.

Las dos mujeres geminianas, en cambio, suelen representarse con vestido largo y peinados similares. La ilustración de este capítulo puede considerarse un término medio: dos figuras femeninas casi idénticas con vestimenta moderna, pero con armas en las manos: una versión del látigo en forma de clavel y un garrote con más flores, para representar la dualidad geminiana entre su pasión por el arte y su lado más expansivo.

Temporada Géminis — 19 junio — 28 junio — Temporada Cáncer

CÚSPIDE GÉMINIS-CÁNCER

19 de junio - 23 de junio

Cúspides son las personas nacidas en los días inmediatamente anteriores y posteriores al cambio de temporada astrológica. Las personas nacidas en esas fechas tendrán rasgos tanto del signo anterior como del posterior. Dependiendo del resto de su carta astral, podrán sentirse identificados con su signo de Sol o con el otro signo próximo a la fecha de su nacimiento.

La cumbre Géminis-Cáncer se caracteriza por su sensibilidad para el arte y la comunicación desde un punto de vista sublime y poético. Son buenos expresándose a nivel metafórico, tienen sentido del humor y suelen dejarse llevar por los sentimientos más que por la razón. Tienen gran capacidad para leer las emociones. Son intuitivos y las personas muy razonables y rutinarias pueden parecerles aburridas.

Por el lado negativo, no tienen mucha capacidad de concentración y pueden tender un poco a la holgazanería.

Cáncer
21 JUNIO - 22 JULIO

Regente: Luna

Elemento: agua

Modalidad:
cardinal
Polaridad:
negativa

Casa 4:
hogar, seguridad,
familia

Tanto si tu Sol como algún otro planeta está en Cáncer (consulta el capítulo 4, «Los planetas astrológicos»), la característica distintiva de Cáncer es su sensibilidad. Al estar regido por la Luna, las emociones juegan un papel muy importante en este signo. Los Cáncer son bastante contradictorios; sensibles pero introspectivos, dulces pero irascibles, materialistas pero familiares. Los valores de Cáncer suelen ser tradicionales, valoran pasar tiempo en familia y, a pesar de su extrema sensibilidad, poseen un carácter fuerte que no dudan en sacar cuando tanto ellos como su familia se sienten amenazados.

Entre los signos de agua es el más maternal. A pesar de ese mundo emocional tan rico, suele tener altibajos de humor bastante frecuentes.

Parecen bastante misteriosos, dado que no les gusta mostrar su lado más vulnerable; por eso su carácter es el menos claro del Zodiaco: en ocasiones tímidos, en ocasiones los más fiesteros e imprevisibles...

Con los Cáncer nunca se sabe.

CÁNCER

Signo de agua, cardinal y femenino.
21 de junio - 22 de julio

Virtudes: es familiar, sensible, maternal, jovial, imaginativo,
idealista, cariñoso, reflexivo, romántico, coqueto, dulce,
expresivo y se preocupa.
Defectos: es inseguro, perezoso, rencoroso, retraído, fantasioso,
contradictorio, derrochador; tiene humor volátil, es sentimental,
aprensivo, hipocondríaco, quejica.

Constelación

La constelación de Cáncer es la menos brillante de entre todas las del Zodíaco. Está rodeada de las constelaciones Lynx, Géminis, Canis Minor, Hidra y Leo.

Sus estrellas más importantes son Alpha Cancri o Acubens, Beta Cancri o Altarf, Delta Cancri (es una estrella doble que al estar cerca de la eclíptica a veces queda ocultada por la Luna), Gamma Cancri, Iota Cancri y Zeta Cancri o Tegmine. Existen otras estrellas que también conforman la constelación, pero son menos relevantes.

Regente de Cáncer: la Luna

Tal como veremos en el capítulo 4, la Luna es la regente de Cáncer. Se la ha relacionado en muchas culturas con el lado emocional, lo oculto, lo femenino, la maternidad, las brujas y el poder femenino. Los Cáncer están regidos por la Luna y, como el mar, tienen idas y venidas, subidas y bajadas. El mundo emocional de Cáncer se caracteriza por ser cambiante: pasan de la alegría a la tristeza, de la tristeza al enfado y del enfado a la rabia o a la felicidad en intervalos muy cortos de tiempo. En la Antigüedad, la Luna se relacionaba con Selene, hija de los titanes Hiperión y Tea. Artemisa y Selene también se consideraron la misma diosa posteriormente.

Como veremos en el siguiente capítulo, Cáncer tiene en detrimento a Saturno, en exaltación a Júpiter y en caída a Marte.

¿Cómo gestionar la energía de Cáncer?

Tanto si tienes el Sol como otros planetas en Cáncer (consulta el capítulo 4, «Los planetas astrológicos»), hay ciertos temas que pueden interesarte. Vamos a ver cómo sacar el mayor partido a esta energía tan cambiante y emotiva.

Por lo general, durante el transcurso de su vida, los Cáncer deberán aprender a equilibrar sus emociones. No es tarea fácil, pero actividades como llevar un diario, meditar o buscar alguna vía artística para expresar sus emociones pueden resultarles de gran ayuda. La cuestión es canalizar la sensibilidad a través de un medio de expresión sano, pero no reprimirla ni rechazar este lado emocional. Esto podría llevar a los Cáncer a la inseguridad y a la timidez, cuando, bien gestionado, pueden ser personas muy sociables y amistosas.

Amuletos para Cáncer

Los amuletos más apropiados para Cáncer son precisamente aquellos que los ayudan a equilibrar su lado sensible, sus emociones y sus cambios de humor. También los que refuerzan la confianza.

Nombre	Tipo de amuleto		Finalidad
Conchas	Origen marino		Las conchitas de la playa conectan a los Cáncer con el mar y la Luna, les proporcionan equilibrio. No deben proceder de especies acuáticas sacrificadas.
Perla	Origen marino		Conexión con el mar, la feminidad, Afrodita, la Luna, resalta cualidades como la feminidad y la sensibilidad.
Turquesa	Piedra (semipreciosa) azul verdosa		Ofrece suerte y protección a los nativos Cáncer.
Piedra Luna	Piedra (semipreciosa) blanca		Equilibra el lado emocional, calma los nervios y aleja las inquietudes.
Nenúfar	Flor		Acuática. Recuerda a la naturaleza frágil y a la vez fuerte de Cáncer.
Blanco	Color		Color que representa la pureza, el equilibrio y la feminidad. Ideal para este signo sería llevar una cinta blanca en la muñeca para tener mayor equilibrio.

Carta del tarot asociada: el carro

Cada signo tiene una carta del tarot asociada, que representa de manera simbólica alguna de sus características. En el caso de Cáncer es el carro, que representa la disciplina, el continuo avanzar en la vida, el no mirar al pasado, las ganas de afrontar los nuevos retos. Le da la fuerza necesaria para vencer los altibajos de la vida y potenciar sus mejores virtudes.

Cáncer famosos: Frida Kahlo, Courtney Love, Lady Di, Selena Gómez, Ariana Grande...

7   EL CARRO   7

Ritual para Cáncer para potenciar la constancia y atraer buenas vibras

Necesitas:

- Comino en polvo
- Sal fina

Procedimiento:

Mezcla los dos ingredientes y espárcelos en las esquinas de tu casa tres días antes de hacer limpieza. Servirá para deshacerte de dudas, pensamientos negativos e inseguridades, y ser más firme para alcanzar tus metas y objetivos.

Compatibilidades de Cáncer

Recuerda comprobar tu signo
de la Luna, Venus y Marte además del signo del Sol.

+(OTRO) CÁNCER

♥ ♥ ♥ ♥ ♥ ♥ ♥ ♥ ♡ ♡

Ambos son cariñosos y entregados, pero su reserva inicial y sus cambios emocionales puede provocar fácilmente que la cosa no prospere.

+ PISCIS

♥ ♥ ♥ ♥ ♥ ♥ ♥ ♥ ♥ ♡

Necesidades emocionales similares, ambos son dulces y soñadores. Pero al guiarse por el corazón más que por la razón, las discusiones serán frecuentes, aunque se quieran muchísimo.

+ESCORPIO

♥ ♥ ♥ ♥ ♥ ♥ ♥ ♥ ♥ ♡

La intensidad emocional y sexual de Escorpio puede resultarle muy atractiva a Cáncer, encontrará gran seguridad en este signo. Ambos son algo rencorosos y reservados, obstáculo.

+ CAPRICORNIO

♥ ♥ ♥ ♥ ♥ ♥ ♥ ♥ ♥ ♥

Una de las mejores combinaciones. Ambos son hogareños y tradicionales, necesitan seguridad. Capri pondrá la parte más estructurada y Cáncer la más emotiva. Se complementan genial.

+ VIRGO

♥ ♥ ♥ ♥ ♥ ♥ ♥ ♥ ♥ ♥

El tranquilo y seguro Virgo puede hacer las delicias de Cáncer, pero también pueden sacarse de quicio. Virgo tal vez no esté preparado para el torbellino Cáncer.

+ TAURO

♥ ♥ ♥ ♥ ♥ ♥ ♥ ♥ ♥ ♥

Ambos son familiares y amorosos, con una naturaleza femenina muy marcada. Aunque Cáncer es más emocional, puede ser una combinación duradera y estable.

+ LIBRA

♥ ♥ ♥ ♥ ♥ ♡ ♥ ♥ ♥ ♥

Dos signos emocionales y dulces, pero Libra también sufre cambios frecuentes, que resuelve con mayor independencia que Cáncer; al principio será complicado entenderse.

+ GÉMINIS

♥ ♥ ♥ ♥ ♡ ♥ ♥ ♡ ♥ ♥

Aunque al ser signos contiguos pueden compartir posiciones, Géminis es muy independiente y dinámico, y Cáncer necesita atención y cuidados delicados. Ambos deberán ceder para que funcione.

+ ACUARIO

♥ ♥ ♥ ♥ ♡ ♥ ♡ ♥ ♡ ♡

Cáncer: el signo más emocional del Zodíaco; Acuario: el más cerebral, guarda sus emociones, por lo que los estallidos de Cáncer y la poca emotividad de Acuario pueden resultar difíciles.

+ LEO

♥ ♥ ♥ ♥ ♡ ♥ ♥ ♥ ♡ ♥

Aunque la energía masculina de Leo al principio puede resultarle muy atractiva a Cáncer, su egocentrismo no será muy compatible con la necesidad de atención del cangrejo. Combinación complicada.

+ SAGITARIO

♥ ♥ ♥ ♥ ♥ ♡ ♥ ♥ ♥ ♥

Sagitario es, como signo de fuego, amante de los riesgos y las sorpresas, cuando Cáncer es mucho más de jugar sobre seguro. Sus identidades básicas son muy diferentes.

+ ARIES

♥ ♥ ♥ ♥ ♥ ♡ ♥ ♥ ♥ ♡

Puede surgir una atracción inicial, pero sus necesidades son muy diferentes. La franqueza de Aries puede herir con facilidad a Cáncer, que guardará todas las afrentas hasta que no pueda más. Ambos tendrán que poner de su parte.

EL MITO QUE DA ORIGEN A CÁNCER:

Carcinos y los doce trabajos de Heracles

Uno de los mitos más conocidos y fascinantes de la mitología griega es el de los doce trabajos de Heracles (también llamado Hércules por los romanos). Heracles era un semidiós, además de uno de los héroes más importantes de Grecia. Era hijo del dios Zeus y la mortal Alcmena.

Zeus proclamó que el siguiente niño nacido en la casa de Perseo sería rey, y Hera, la mujer de Zeus y diosa del matrimonio y el hogar, celosa por la conducta de su marido, hizo que Heracles naciera unos meses más tarde y adelantó el nacimiento de Euristeo para que Heracles no fuera rey.

Cuando Heracles creció y se hizo adulto, por influencia de Hera mató a su familia, y Heracles al recuperar la cordura decidió exiliarse al ver la atrocidad que había cometido. Su hermano Ificles lo animó a buscar consejo en el Oráculo de Delfos y este le dijo: «Heracles, guapo, para redimirte de la barbaridad que cometiste, tendrás que llevar a cabo las proezas que te indique tu archienemigo Euristeo».

Estas proezas son conocidas como los doce trabajos de Heracles. Dependiendo de la versión del mito varían un poco, pero la lista más frecuente es la siguiente:

1. Matar al león de Nemea.
2. Matar a la hidra de Lerna o al cangrejo Carcinos (origen de la constelación de Cáncer y también de la de Hidra).
3. Capturar a la cierva de Cerinea.
4. Capturar vivo al jabalí de Erimanto.
5. Limpiar los establos de Augías en solo un día.
6. Cazar las aves del Estínfalo.
7. Domar al toro de Creta.
8. Robar las yeguas de Diomedes.
9. Robar el cinturón de Hipólita.
10. Robar el ganado de Gerión.
11. Robar las manzanas doradas del jardín de las Hespérides.
12. Raptar al perro del inframundo, Cerbero, y llevárselo al rey.

Como decíamos, la constelación de Cáncer hace referencia a uno de los doce trabajos de Heracles, aunque este trabajo en concreto tiene una versión más extendida en la que Heracles debe eliminar, como si fuera un Terminator clásico, a la Hidra de Lerna. La Hidra es un ser mitológico que también tiene constelación propia, muy cercana a Cáncer además (mira las primeras páginas donde aparecen todas las constelaciones). Se trata de una serpiente marina con una, tres, cinco o incluso cientos de cabezas, según la versión del mito.

Este monstruo tenía la capacidad de regenerar dos cabezas por cada una que perdía. Muchos lo recordaréis por la peli de Disney, que aunque no es demasiado fiel al mito de Heracles/Hércules y a sus doce trabajos, sí que hace referencia a la historia.

Por otra parte, Carcinos, cangrejo mitológico habitante también de la laguna de Lerna junto con Hidra, es un personaje secundario del mito y por ello no siempre aparece en él. Carcinos ataca a Heracles cuando está luchando contra la Hidra, acción que la diosa Hera recompensa convirtiéndolo en una constelación.

CÚSPIDE CÁNCER-LEO
18 de julio - 24 de julio

Cúspides son las personas nacidas en los días inmediatamente anteriores y posteriores al cambio de temporada astrológica. Las personas nacidas en esas fechas tendrán rasgos tanto del signo anterior como del posterior. Dependiendo del resto de su carta astral, podrán sentirse identificados con su signo de Sol o con el otro signo próximo a la fecha de su nacimiento.

La cumbre Cáncer-Leo se llama también «la cumbre del drama», no porque sean muy dramáticos (que también, la verdad), sino porque pueden ser buenos actores, artistas o dedicarse al espectáculo. Además, están regidos por la Luna (regente de Cáncer) y el Sol (regente de Leo), por lo que serán personas con un lado emocional muy potente, pero que también tendrán una personalidad muy magnética y dominante. También pueden tener un carácter fuerte y difícil de manejar.

Leo

23 JULIO - 23 AGOSTO

Regente: Sol

Elemento: fuego

Modalidad:
fijo
Polaridad:
positiva

Casa 5:
individualidad,
originalidad,
impulso

Cuando hablamos de Leo, debemos tener en cuenta que está regido por un astro masculino, el Sol, el astro rey, que está representado por un león, el rey de la selva. No es casualidad, por tanto, que los Leo sean personas que brillan con luz propia. Carismáticos, llamativos, sociables, pasionales o voluntariosos son algunos de los adjetivos que describen a este signo. Son líderes naturales.

La energía de Leo se caracteriza por ser dominante; son líderes naturales con mucho encanto. En la parte más negativa, toda esta luz puede traducirse también en arrogancia, un ego desmesurado o egocentrismo. Todas estas características pueden estar presentes en personas con el Sol o con planetas en Leo, esta vez con matices que ya veremos en los siguientes capítulos (pues no es lo mismo tener el Sol en Leo que la Luna o un stellium), al igual que con el resto de los signos.

Dentro de los signos de fuego es el más carismático y ambicioso.

LEO
Signo de fuego, fijo y masculino.
Fechas: 23 de julio – 23 de agosto

Virtudes: es carismático, leal, enérgico, fuerte, sociable, divertido, generoso, astuto, líder, optimista, valiente, rápido, entusiasta.
Defectos: es orgulloso, superficial, egocéntrico, arrogante, dominante, autoritario, incoherente, frívolo, conformista, ingenuo, irreflexivo, impulsivo.

Constelación

Leo es una de las constelaciones más brillantes, todas sus estrellas principales destacan en la noche, especialmente Leonis, también llamada Régulo o Corazón de León. Es la estrella que se sitúa en la punta del morro del león o en la cabeza. Otras de sus estrellas principales son Denébola, Algieba, Zosma, Ras Elased y Adhafera. Leo se sitúa al oeste de Virgo y al este de Cáncer, muy cerca también de la Hidra (mira el mapa de estrellas de las pp. 12-13).

Regente de Leo: el Sol

Tal como veremos en el capítulo 4, el Sol es el regente de Leo. Se relaciona con el día, lo que está a la vista, las facetas de nuestra personalidad que mostramos a los demás. Por lo tanto, los Leo son personas a las que les gusta salir, mostrarse, darse a los demás y que también sacan lo mejor de los demás con su optimismo y entusiasmo. Son personas muy sociables, que disfrutan motivando al resto a través del halago y crean un ambiente donde todos se sienten valorados. Son personas carismáticas y que consiguen sus objetivos muchas veces debido a este encanto natural; por ello, desde pequeños consiguen las cosas sin esfuerzo, lo que puede generar adultos impacientes y acomodados que no están acostumbrados a esforzarse para conseguir lo que quieren. La constancia no es un fuerte en los Leo, pero son ingeniosos y una compañía inmejorable.

Su detrimento está en Urano y Saturno; su exaltación, en Neptuno, y su caída, en Mercurio. Veremos lo que significa en el capítulo siguiente.

¿Cómo gestionar la energía de Leo?

Tanto si tienes el Sol como otros planetas en Leo (consulta el capítulo 4, «Los planetas astrológicos»), hay ciertos temas que pueden interesarte. Vamos a ver cómo sacar el mayor partido a esta energía tan fuerte y deslumbrante.

Como ya habrás intuido, el mayor problema de los Leo es querer todo rápido y fácil, porque el carisma suele ser su principal arma a la hora de conseguir las cosas. Por desgracia, la vida no siempre es un camino de rosas, ni siquiera para los Leo, así que este signo puede tener verdaderos problemas para gestionar un fracaso o un rechazo. En ese momento pueden surgir en Leo la arrogancia, la intolerancia y el egoísmo. Será un reto para Leo aprender a gestionar este tipo de emociones. Tener un amigo con Sol en tierra beneficiará mucho a Leo en este aspecto. Cultivar virtudes como la paciencia y la resiliencia será más fácil si su carta astral tiene alguna posición en tierra. De todos modos, Leo se verá en las situaciones propicias para desarrollar estas virtudes. Si no lo hace, su fuego puede acabar por apagarse o disminuir en cierta medida, y se convertirá en una persona algo conformista y vividora.

Amuletos para Leo

Los amuletos más apropiados para Leo son precisamente aquellos que los ayudan a equilibrar su lado más arrogante y despreocupado, potencian virtudes como la alegría o la confianza, y los protegen ante posibles adversidades.

Nombre	Tipo de amuleto		Finalidad
Oro	Metal precioso		En muchas culturas las pepitas de oro se consideraban trocitos del propio Sol. Metal protector de Leo.
Ámbar	Origen animal (fósil)		Semejante al propio Sol, proporciona confianza, poder y protección.
Citrino	Piedra (semipreciosa) blanca		Potencia la vitalidad y la alegría, características ya propias de este signo. Atrae la buena suerte.
Ojo de tigre	Piedra (semipreciosa) blanca		Equilibra el lado emocional, calma los nervios y aleja las inquietudes.
Girasol	Flor		El girasol es la flor de la amistad y la vitalidad.
Dorado	Color		Color que representa el poder, la autoestima, la confianza en uno mismo y el esplendor en general.

Carta del tarot asociada: la fuerza

Cada signo tiene una carta del tarot asociada, que representa algún aspecto importante del signo de manera simbólica. En el caso de Leo es la fuerza. En el tarot de Marsella, y en la mayoría de los tarots, se representa como una mujer y un León, que es el animal asociado a Leo. Simboliza la fuerza de voluntad, la fortaleza mental, el hacerse fuerte y mantenerse firme ante los problemas que surjan, habilidades que Leo tendrá que desarrollar.

Leo famosos: Jennifer López, Kylie Jenner, Madonna, Mick Jagger, Daniel Radcliffe, Chris Hemsworth, Charlize Theron. Leo es un signo muy común para personas que se dedican al mundo del espectáculo, ya sean cantantes, actores o actrices.

8 LA FUERZA 8

Ritual para Leo para protegerse de envidias

Necesitas:

- Arcilla blanca
- Pintura dorada

Procedimiento:

Haz con la arcilla blanca un pequeño sol (no hace falta que esté perfecto, pero que se identifique que es un sol) de unos 4 cm de diámetro. A los tres días, píntalo de dorado. Llévalo siempre contigo, como amuleto en tu bolso o bolsillo, para protegerte de las energías negativas. Es importante que lo hagas tú mismo.

Compatibilidad de Leo
Recuerda comprobar tu signo
de la Luna, Venus y Marte además del signo del Sol.

+(OTRO) LEO
♥ ♥ ♥ ♥ ♥ ♥ ♥ ♥ ♥ ♡

Ambos son brillantes y sus necesidades emocionales serán parecidas. El principal problema: un posible duelo de egos y discusiones frecuentes. Pero no son rencorosos y se arreglarán fácilmente.

+ SAGITARIO
♥ ♥ ♥ ♥ ♥ ♥ ♥ ♥ ♥ ♡

Necesidades emocionales similares, ambos son sociables y aman la vida. Una pareja con la misma manera de vivir, de disfrutar y de amar, pueden durar mucho o dejar un recuerdo muy grande.

+ ARIES
♥ ♥ ♥ ♥ ♥ ♥ ♥ ♥ ♥ ♡

Al igual que con Sagitario, una pareja extremadamente compatible. Aries tiene más genio, pero ambos tienen la misma forma de afrontar los problemas, y gustos y valores parecidos.

+ ACUARIO
♥ ♥ ♥ ♥ ♥ ♥ ♥ ♥ ♥ ♡

Acuario es filantrópico y Leo individualista, ambos son sociables, cambiantes y seguros de sí mismos, una pareja que seguro llamará la atención. Leo necesitará más atención de Acuario.

+ GÉMINIS
♥ ♥ ♥ ♥ ♥ ♥ ♥ ♥ ♡ ♡

La imaginación y el lado alocado de Géminis volverán loco a Leo. No obstante, ambos necesitan mucha independencia y atención al mismo tiempo; esta contradicción será el principal problema.

+ LIBRA
♥ ♥ ♥ ♥ ♥ ♡ ♥ ♥ ♥ ♡

La balanza emocional de Libra puede verse desequilibrada con el pasional Leo, y este puede encontrar a Libra demasiado romántico o sensible. El principal problema será respetar los límites de la relación.

+ ESCORPIO
♥ ♥ ♥ ♥ ♥ ♡ ♥ ♥ ♥ ♡

Una pareja muy compatible a nivel físico, pero muy diferente a nivel emocional: principal problema de la relación. Escorpio necesita una intimidad muy intensa, Leo es más superficial.

+ CÁNCER
♥ ♥ ♥ ♥ ♥ ♡ ♥ ♥ ♥ ♡

Comparten una cierta sensibilidad por lo estético. Pero Cáncer es más hogareño y sentimental. Leo puede sentir que necesita más acción y Cáncer precisa que su pareja le aporte más seguridad.

+ PISCIS
♥ ♥ ♥ ♥ ♡ ♥ ♡ ♥ ♥ ♡

Leo puede encontrar a Piscis misterioso y atrayente, pero también emocional e infantil. Tanta sensibilidad puede no resultar del agrado de Leo, que suele buscar un compañero con más carácter.

+ CAPRICORNIO
♥ ♥ ♥ ♥ ♡ ♥ ♥ ♡ ♥ ♡

Ambos tienen mucho carácter y sus naturalezas son muy distintas, pero el carisma de Leo y la ambición de Capri pueden formar una pareja formidable. Muy compatibles en negocios, empresas o asociaciones.

+ VIRGO
♥ ♥ ♥ ♥ ♡ ♥ ♥ ♡ ♥ ♡

Aunque Virgo es mucho más tímido y analítico, para Leo puede ser muy beneficioso bajar a tierra toda esa energía tan deslumbrante. Funcionarán mejor en una amistad que en una relación.

+ TAURO
♥ ♥ ♥ ♥ ♡ ♥ ♡ ♥ ♥ ♡

Pueden profesarse un gran cariño y sentirse intrigados el uno por el otro. Si superan sus diferencias básicas, puede ser una pareja duradera, ya que Leo puede encontrar en el paciente Tauro su contrapunto y un remanso de paz. Ambos son fuertes y seguros.

El león de Nemea, los doce trabajos de Heracles

Al igual que en el mito que da origen a la constelación de Cáncer, en el caso de Leo proviene también del mito de los doce trabajos de Heracles (o Hércules, en la mitología romana). Como ya hemos visto este mito brevemente en el capítulo anterior, profundizaremos esta vez en el del león de Nemea.

Fue el primero de los doce trabajos de Heracles según la mayoría de las versiones del mito. El trabajo consistió en matar al león y despojarlo de su piel, y no fue tarea fácil: el animal, que tenía en vilo a la población de Nemea porque era terriblemente agresivo, contaba además con una piel tan gruesa que ningún arma de ningún guerrero era capaz de atravesarla y así darle muerte.

La primera vez que Heracles intentó matar al animal portaba tres armas: un arco con flechas, un garrote de olivo y una espada. Heracles, a pesar de ser un guerrero magnífico, no consiguió matar al felino, así que ideó otra estrategia: siguió al león discretamente para averiguar dónde estaba su guarida, lo arrinconó en el interior y con sus propias manos consiguió estrangularlo.

Una vez conseguida esta hazaña, Heracles se dispuso a acabar la segunda parte del trabajo: despellejar al león. A pesar de intentarlo con múltiples tipos de armas, no lo consiguió de ninguna forma. Por muchas vueltas que le daba al asunto, no podía.

Entonces Atenea, diosa de la sabiduría, decidió bajar del monte Olimpo y ayudar con disimulo al héroe. Se disfrazó de anciana para que no la reconociera y le sugirió, como quien no quiere la cosa, que probara con las propias garras del león. Heracles quedó muy sorprendido por la propuesta de la anciana, pero accedió a probar. Cuando intentó retirar la piel del cuerpo del león con las propias garras del animal, esta se desprendió.

Gracias a esta intervención de Atenea, Heracles consiguió cumplir con el trabajo que le había encomendado el rey Euristeo y se dispuso a llevar el trofeo a Micenas.

El rey, al ver a Heracles vistiendo la piel del animal como armadura, quedó aterrorizado y dispuso que Heracles no entrara en la ciudad y que enseñara el resultado de sus trabajos desde el lado exterior del muro.

Como recordatorio del gran éxito de Heracles, los dioses decidieron convertir al león en una constelación, la de Leo.

El origen del león de Nemea, más allá de la historia de su muerte a manos de Heracles o Hércules, no queda muy claro. Algunas versiones aseguran que el león cayó del cielo, hijo del dios Zeus y la diosa de la Luna, Selene. Pero otras versiones narran que el león era hijo de los titanes Ortos y Quimera. Esta era un ser monstruoso, a la que se describe de numerosas formas, la más frecuente es con cabeza de león, cuerpo de dragón y cola de serpiente. Pero en otras versiones se la representa como un monstruo de tres cabezas: una de león, otra de dragón y una última, en la cola, como una testa de serpiente. Ortos, por su parte, era un perro monstruoso de dos cabezas cuyo dueño era el titán Atlas, condenado por los dioses a soportar la bóveda celeste para toda la eternidad.

CÚSPIDE LEO-VIRGO

18 de agosto - 24 de agosto

Cúspides son las personas nacidas en los días inmediatamente anteriores y posteriores al cambio de temporada astrológica. Las personas nacidas en esas fechas tendrán rasgos tanto del signo anterior como del posterior. Dependiendo del resto de su carta astral, podrán sentirse identificadas con su signo de Sol o con el otro signo próximo a la fecha de su nacimiento.

Las personas nacidas en la cúspide Leo-Virgo llaman la atención por ser exteriormente «muy Leo» (llamativas, sociables, carismáticas), pero al conocerlas más íntimamente, son, además, organizadas, constantes y trabajadoras, características más propias del signo de tierra Virgo.

Tienen la vertiente artística y del espectáculo de Leo, y la dedicación y constancia de la tierra, por lo que es fácil que triunfen en cuanto se proponen, especialmente en el mundo del espectáculo. Además, aman estar en pareja: son muy atractivas, pero también aman la estabilidad.

Virgo

24 AGOSTO – 23 SEPTIEMBRE

Regente: Mercurio

Elemento: tierra

Modalidad: mutable
Polaridad: negativa

Casa 6: rutina, trabajo, obligaciones, deber

Virgo es el signo de tierra más práctico, metódico y organizado del Zodíaco. Aman hacer listas, el mes de septiembre, el comienzo del curso, la organización y los planes de futuro. Suelen ser personas que se ganan una trayectoria profesional prolífica con esfuerzo, dedicación y rutinas que construyen día a día. La energía de Virgo es la que nos motiva a cumplir con nuestras obligaciones para nosotros mismos y la sociedad; por ello, las personas Virgo tienen el sentido del deber muy desarrollado.

Si tienes algún planeta en Virgo que no sea el Sol, veremos en el siguiente capítulo cómo te afecta. Y si tienes el Sol en Virgo y eres una persona caótica, que realmente no da importancia a este tipo de cuestiones, será porque en tu carta natal tienes mucha energía en otros planetas o casas. Funciona también así con el resto de los signos. Pero la energía Virgo pura es la del día a día, la del orden, los colores claros, la de encontrar placer en los pequeños detalles del día a día y la de crecer en los valores de la coherencia y el esfuerzo.

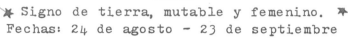

VIRGO

✳ Signo de tierra, mutable y femenino. ✳
Fechas: 24 de agosto – 23 de septiembre

Virtudes: es constante, trabajador, organizado, convencional, metódico, racional, profesional, serio, confiable, perfeccionista, sincero, analítico, estable. Defectos: es tímido, reservado, poco innovador, crítico. Le cuesta reconocer sus errores. Algunos lo consideran aburrido, maniático, impaciente, irritable y poco empático.

Constelación

Las constelaciones más cercanas a Virgo son la Cabellera de Berenice, Libra y Leo (mira el mapa de estrellas, pp. 12-13). Su estrella más brillante es Spica o Espiga, situada en la palma o espiga que porta la joven de la constelación. Representa la fertilidad de los campos y fue un símbolo muy utilizado en la Edad Media.

Las siguientes estrellas más brillantes de la constelación son Zavijava, Porrima, Auva y Almuredín.

Virgo es la segunda constelación más grande del firmamento, después de Hidra, y una de las más antiguas; se la ha asociado a diversas diosas, como Deméter, Atenea, Temis o Astrea; la versión más conocida es esta última.

Regente de Virgo: Mercurio

Tal como veremos en el capítulo 4, Mercurio es el regente de Virgo, al igual que de Géminis. Mientras que Mercurio en Géminis afecta más directamente a la parte de la comunicación, en Virgo se manifiesta en las dinámicas de trabajo, las rutinas, los esfuerzos individuales y colectivos, la información como medio de mejora individual y colectiva. Hasta los años setenta, se consideraba regido por Mercurio y por el planeta Vulcano, pero en esta época se demostró que este planeta no existía, por lo que la regencia de Mercurio pasó a ser única. Gracias a ella, Virgo destaca por sus cualidades mentales. Poseen una mente de las más analíticas del Zodíaco, no se les escapa detalle, son observadores y suelen parecer callados, pero por dentro están atentos a todo lo que pasa a su alrededor. Son muy conscientes de sí mismos, tanto de sus acciones como de sus palabras, y les cuesta reconocer que no tienen razón cuando se equivocan o discuten.

Neptuno y Júpiter tienen su detrimento en Virgo, Mercurio su exaltación y Venus su caída. Veremos lo que significa en el capítulo siguiente.

¿Cómo gestionar la energía de Virgo?

Tanto si tienes el Sol como otros planetas en Virgo (consulta el capítulo 4, «Los planetas astrológicos»), hay ciertos temas que pueden interesarte. Vamos a ver cómo sacar el mayor partido a este tipo de energía tan analítica y metódica.

Como ya habrás intuido, el mayor problema de los Virgo es su incapacidad para reconocer errores, tener empatía o no sentar cátedra. Puede resultar pedante. Actividades como el yoga pueden resultarle beneficiosas, ya que aúnan lo físico, lo espiritual y lo mental y pueden ayudarlos a entrar en contacto con su lado emocional y ser más comprensivos.

Amuletos para Virgo

Los amuletos más apropiados para Virgo son los que los ayudan a expresarse sin timidez, pero al mismo tiempo con respeto, y equilibran su lado más individualista. También los que refuerzan el trabajo y las relaciones laborales.

Nombre	Tipo de amuleto		Finalidad
Cuarzo	Piedra (semipreciosa) transparente		Es la piedra de protección por excelencia, amplifica la energía positiva y refuerza la rutina.
Peridoto	Piedra (semipreciosa) verde		Mejora las relaciones interpersonales, ayuda a no aferrarse.
Jaspe	Piedra (semipreciosa) marrón rojizo		Da valor y fortaleza, muy adecuado para vencer la timidez.
Ágata marrón	Piedra (semipreciosa) marrón		Realza la capacidad de observación y análisis ya presente en los Virgo.
Narciso	Flor		Flor discreta y resiliente que crece en las proximidades del agua.
Marrón	Color		Color que representa la modestia, el trabajo, la tierra, la razón, la estabilidad, el esfuerzo, la adaptabilidad y la madurez.

Carta del tarot asociada: el ermitaño
Cada signo tiene una carta del tarot asociada, que representa de manera simbólica alguna de sus características. En el caso de Virgo es el ermitaño. Esta asociación no es porque los Virgo no salgan de su casa y siempre estén reflexionando sobre cuestiones profundas, aunque sea así; se trata de realzar los valores del estudio, la meditación y la búsqueda del conocimiento desde el interior de nosotros mismos.

Virgo famosos: Freddie Mercury, Beyoncé, Keanu Reeves, Amy Winehouse, Tolstoi, Hugh Grant...

9 EL ERMITAÑO 9

Ritual para Virgo para potenciar la decisión y la valentía

Necesitas:

- Papel
- Lapicero

Procedimiento:

La mañana de tu cumpleaños, piensa en la cosa más loca que hayas hecho en la vida y que te saliera bien. Deja que esa sensación te inunde y apunta en una lista las cosas que te gustaría hacer si fueses más atrevido. Ponla en un lugar visible e intenta cumplirla a lo largo del año.

Compatibilidades de Virgo

Recuerda comprobar tu signo
de la Luna, Venus y Marte además del signo del Sol.

+ (OTRO) VIRGO
♥ ♥ ♥ ♥ ♥ ♥ ♥ ♥ ♥ ♡

Ambos disfrutan del orden, la rutina... Ver pelis en casa con una mantita es un planazo para ellos. La relación puede volverse un poco monótona, pero sus necesidades serán parecidas.

+ CAPRICORNIO
♥ ♥ ♥ ♥ ♥ ♥ ♥ ♥ ♡ ♡

Una de las mejores parejas del Zodiaco. Atracción física fuerte entre ambos, necesidad de seguridad económica, mucha importancia a la vida profesional y a la estabilidad. Emociones en sintonía.

+ TAURO
♥ ♥ ♥ ♥ ♥ ♥ ♥ ♡ ♡ ♡

Una muy buena pareja. Los dos necesitan seguridad. Virgo es más analítico y Tauro basa más su bienestar en lo sensorial, pero es una pareja que puede mantenerse en el tiempo.

+ PISCIS
♥ ♥ ♥ ♥ ♥ ♥ ♥ ♥ ♡ ♡

La sensibilidad y el lado soñador de Piscis es el complemento perfecto para la constancia de Virgo. Serán capaces de desarrollar proyectos originales uniendo sus fuerzas. Se cautivan el uno al otro.

+ ESCORPIO
♥ ♥ ♥ ♥ ♥ ♥ ♥ ♥ ♡ ♡

La determinación e intensidad escorpianas pueden resultarle muy atrayentes a Virgo, que se sentirá fascinado por toda esa sensualidad y misterio. Aun así, el cuadriculado Virgo puede abrumarse.

+ CÁNCER
♥ ♥ ♥ ♥ ♥ ♥ ♡ ♡ ♡ ♡

El cambiante Cáncer, con su lado más emocional, aunque puede resultar atrayente para Virgo, puede ser también algo desestabilizador. Será necesaria paciencia por ambas partes.

+ LIBRA
♥ ♥ ♥ ♥ ♥ ♡ ♡ ♡ ♡ ♡

Comparten el sentido del orden, la estética y los ambientes bien decorados, pero Libra es un signo que tiende a estar mucho más en las nubes y al coqueteo que Virgo, que es más serio.

+ GÉMINIS
♥ ♥ ♥ ♥ ♡ ♡ ♡ ♡ ♡ ♡

Combinación complicada. Géminis es mucho más abierto, hablador y soñador. Dada su regencia común en Mercurio, a nivel mental y de amistad puede funcionar mucho mejor que como pareja.

+ ACUARIO
♥ ♥ ♥ ♡ ♡ ♡ ♡ ♡ ♡ ♡

Una de las parejas más complicadas del Zodiaco. Dado el gran deseo de libertad e innovación, y la mente mucho más convencional de Virgo, será necesario mucho esfuerzo por ambas partes.

+ ARIES
♥ ♡ ♥ ♡ ♡ ♡ ♡ ♡ ♡ ♡

El fuerte carácter de Aries, su sociabilidad, su gusto por el lujo e incluso la ostentación pueden resultar incomprensibles para Virgo, signo de tierra mucho más modesto y comedido.

+ LEO
♥ ♥ ♥ ♥ ♡ ♡ ♡ ♡ ♡ ♡

Leo y Virgo tienen energías muy diferentes: Leo gusta de mostrarse, ser admirado, mientras que Virgo prefiere el trabajo duro y la discreción. Mucho esfuerzo para llevarse bien.

+ SAGITARIO
♥ ♥ ♥ ♡ ♡ ♡ ♡ ♡ ♡ ♡

El despreocupado y abierto Sagitario puede resultarle poco centrado e inmaduro a Virgo, y Sagitario puede encontrar al rutinario Virgo bastante aburrido. Tendrán que esforzarse en ello.

EL MITO QUE DA ORIGEN A VIRGO:

Astrea

La constelación de Virgo es la segunda más grande después do Hidra (mira el mapa de estrellas, pp. 12-13). Representa a una mujer joven con los frutos de la cosecha en las manos. Destaca en especial la espiga que lleva en la mano izquierda (en el dibujo de este libro es una flor de vivos colores). Este elemento se forma en torno a la estrella Espiga, una de las más brillantes, por lo que resulta útil para localizar la constelación.

Muchas culturas asociaron la constelación de Virgo a esta joven mujer que simboliza la fertilidad y las cosechas. En la cultura griega representaba también a una joven mujer, en este caso, a Astrea, la hija de Zeus y Temis, diosa de la justicia divina. Pero también se la considera una de las titánides. A Astrea su madre le encargó la tarea de ayudar a administrar la justicia entre los mortales; por lo tanto, mientras que la madre representa la justicia divina, la hija personifica la justicia mortal.

Astrea, además, fue la última de las inmortales en vivir en el mundo terrenal. Su padre, el dios Zeus, la convirtió en constelación al llegar al final de la edad dorada, era mitológica en la que los dioses y los mortales convivían y en la que se sitúan la mayoría de los mitos griegos. La balanza que forma la constelación de Libra se sitúa a su derecha y en algunas versiones de la constelación Astrea sostiene esta balanza que representa la justicia.

A Astrea también se la conoce por ser la portadora de los rayos de Zeus y por ser la única de las titánides a la que se le permitió conservar la virginidad (aunque en realidad la titánide era su madre, Temis, a Astrea y otras descendientes de los titanes también se las considera así en algunas fuentes); al ser la aliada de Zeus en la guerra de los titanes, el dios le concedió este honor. Existen varias representaciones de esta diosa y, por tanto, de la constelación. Mientras que en algunos lugares aparece portando los rayos de Zeus, en otros figura con una antorcha o la ya mencionada espiga de trigo. En algunas representaciones, también con unas alas o con un hábito o vestimenta blancos, símbolo de pureza y castidad.

La constelación de Virgo, como decíamos, es una de las más grandes del universo. Su estrella más brillante es Espiga o Spica, pero también destacan Minelava o Auva, Vindemiatrix o Almuredín y Heze.

Además, la constelación de Virgo constituye un cúmulo: se trata de la mayor agrupación de galaxias visible desde la Tierra.

Representación de Virgo

Tradicionalmente, Virgo es el único signo zodiacal representado por una mujer, por ello se asocia en especial con características tradicionalmente femeninas: el cuidado de los detalles, el perfeccionismo, pero enfocadas desde un punto de vista cerebral, al ser su regente Mercurio (mente y comunicación) y un signo de tierra (los signos de tierra tienden a ser más racionales y más cerrados emocionalmente, como hemos visto).

CÚSPIDE VIRGO-LIBRA

19 de septiembre – 24 de septiembre

Cúspides son las personas nacidas en los días inmediatamente anteriores y posteriores al cambio de temporada astrológica. Las personas nacidas en esas fechas tendrán rasgos tanto del signo anterior como del posterior. Dependiendo del resto de su carta astral, podrán sentirse identificadas con su signo de Sol o con el otro signo próximo a la fecha de su nacimiento.

Las personas nacidas en cúspide Virgo-Libra se caracterizan por ser delicadas, consideradas, querer hacer sentir bien a los demás y vivir en un ambiente muy armonioso. Son analíticas pero también altamente sensibles y comunicativas, por lo que los demás suelen confiar en ellas y contarles sus problemas.

El mayor reto al que se enfrenta una persona nacida en esta cúspide es vivir y disfrutar el momento presente y no gastar energía en sobreanalizar todo lo que pasa en torno a ella y perderse en detalles que no van a ningún sitio.

Libra
24 SEPTIEMBRE - 22 OCTUBRE

Regente: Venus

Elemento: aire

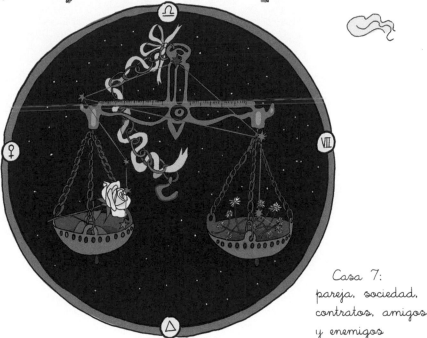

Modalidad: cardinal
Polaridad: positiva

Casa 7: pareja, sociedad, contratos, amigos y enemigos

Libra es el signo del equilibrio y la justicia, tal como indica la balanza que lo representa. No obstante, esta asociación no es en un sentido literal y puede conllevar más problemas de los que puede parecer en un primer momento.

Los Libra siempre están en busca del equilibrio: emocional, social o incluso a un nivel más superficial, cuidan mucho tanto su manera de vestir como la decoración de su casa. Odian lo vulgar, excesivo u ordinario en cualquiera de sus formas.

Esta búsqueda de equilibrio constante puede repercutir en su estado de ánimo y, a nivel más íntimo, también en el ámbito emocional (aunque como veremos en el capítulo siguiente esto tiene mucho más que ver con el signo de la Luna). Los Libra suelen preferir tonalidades claras, objetos decorativos coquetos y gustan de llevar muchos accesorios. Si eres Libra y no te sientes identificado, necesitas mirar tu carta astral. Si te representa más lo oscuro y misterioso, seguro que Escorpio es tu signo dominante. Pero eso ya lo veremos.

LIBRA
Signo de aire, cardinal y masculino.
Fechas: 24 de septiembre – 22 de octubre

Virtudes: es diplomático, sociable, pacífico, tolerante, amante de la armonía, comprensivo, cuidadoso, defensor de lo correcto, justo, imparcial, amable.
Defectos: es cambiante, caprichoso, indeciso, complejo, impaciente, pesimista, vanidoso, superficial, influenciable, cotilla, dependiente.

Constelación

Es una constelación situada entre Virgo, al oeste, y Escorpio, al este, y una de las menos brillantes del Zodíaco. Hasta la época de Julio César (siglo I a. C.), formaba las pinzas de Escorpio y era parte de esta constelación, como ya veremos en las siguientes páginas. Julio César decidió eliminar a Ofiuco como signo del Zodíaco y ponerse a sí mismo con una balanza (sí, Julio César era Leo). Con el tiempo, se perdió parte de esto y simplemente se representaba como una balanza.

Tal como veremos en el capítulo 4, Venus es el regente de Virgo, al igual que de Tauro. No obstante, existe una diferencia significativa entre estos dos signos regidos por el planeta Venus. Tauro, al ser un signo de tierra, tiene polaridad negativa, es decir, es un signo esencialmente femenino; por lo tanto, Venus en su regencia se encuentra de lo más cómodo: representa temas de naturaleza femenina, como son el amor, las relaciones, el placer, por lo que en Tauro y Venus, por decirlo así, están en sintonía, lo que hará que todos estos asuntos para Tauro fluyan con naturalidad.

Por el contrario, Libra, a pesar de estar influido por el femenino planeta Venus, es un signo de aire y, por tanto, de polaridad positiva o masculina: existe una cierta tensión entre la energía masculina de la polaridad y la femenina de la regencia, por lo que los Libra, aunque cuentan con ese atractivo natural y esa necesidad de armonía que les proporciona Venus, tienden a ser mucho más inestables emocionalmente y pueden tener más problemas de autoimagen y autoestima.

Marte tiene su detrimento en Libra (ya lo veremos más en profundidad, pero tiene mucho sentido, dado que Marte rige, entre otros temas, la violencia, y los Libra son muy elusivos al conflicto). Saturno tiene su exaltación en este signo, como ya veremos en el siguiente capítulo.

¿Cómo gestionar la energía de Libra?

Tanto si tienes el Sol como otros planetas en Libra (consulta el capítulo 4, «Los planetas astrológicos»), hay ciertos temas que pueden interesarte. Vamos a ver cómo sacar el mayor partido a este tipo de energía tan intensa y pasional.

Las personas con el Sol u otros planetas en este signo suelen ejercer el papel de mediadoras: es aquel amigo que intenta que todos nos llevemos bien, es el anfitrión perfecto, la persona que armoniza el ambiente cuando entra en una estancia. Pero por ello pueden ser demasiado dependientes y no expresar alto y claro sus necesidades. Esto puede desembocar en alguna que otra situación dramática. Es importante que los Libra entiendan que expresar sus necesidades o su verdadera opinión, si se hace con buenas formas, no tiene que desembocar en ningún conflicto. Está bien intentar que todo sea armónico, pero deben aprender también a romper con esa armonía si es necesario para no sentirse tristes o deprimidos al no expresar cómo se sienten en realidad.

Amuletos para Libra

Los amuletos más apropiados para Libra son los que lo ayudan a mantenerse emocionalmente equilibrado y contribuyen a atraer el equilibrio a todas las áreas de su vida (laboral, sentimental, espiritual, económica).

Nombre	Tipo de amuleto		Finalidad
Jade	Piedra (semipreciosa) verde		Mejorar el equilibro tanto material como económico.
Topacio	Piedra (semipreciosa) marrón/dorada		Da energía a su portador.
Esmeralda	Piedra (preciosa) verde		Similar a las propriedades del jade, piedra especialmente indicada para portarla como joya pulida.
Aguamarina	Piedra (semipreciosa) azul verdoso		La poderosa energía de esta piedra, que evoca el mar, sirve para equilibrar el lado más voluble de Libra.
Hortensia	Flor		Flor que debido a sus cambios de color simboliza la adaptabilidad.
Rosa y turquesa	Color		El color rosa se relaciona con su planeta regente, Venus, femenino. El turquesa también se relaciona con Libra por su intensidad cromática y simboliza término medio, equilibrio.

Carta del tarot asociada: la justicia

Cada signo tiene una carta del tarot asociada, que representa de manera simbólica alguna de sus características. En el caso de Libra se trata de la justicia. Representa tanto literalmente la justicia como el equilibrio, la verdad y, en su vertiente negativa, la falta de iniciativa a la hora de tomar decisiones. Todos ellos son temas clave en este signo, áreas en las que el nativo de Libra tendrá que esforzarse.

Libra famosos: Kim Kardashian, Rosalía, Pedro Almodóvar, Will Smith, Julie Andrews...

11 LA JUSTICIA 11

Ritual para Libra para ser fuerte en lo que se proponga y encontrar equilibrio

Necesitas:

- Té (el que más te guste)
- Cuarzo
- Libreta y lápiz
- Vela blanca
- Bote de vidrio con tapa

Procedimiento:

En luna llena, un espacio seguro, enciende la vela y rodéate de los objetos mencionados. Piensa en qué aspecto de tu vida no hay equilibrio. Escribe qué puedes hacer para mejorar la situación. Pon el papel encima de una mesa, el frasco cerrado con las hierbas y el cristal encima. Déjalos a la luz lunar.

Compatibilidades de Libra

Recuerda comprobar tu signo de la Luna, Venus y Marte además del signo del Sol.

+(OTRO) LIBRA

♥ ♥ ♥ ♥ ♡ ♥ ♥ ♥ ♥ ♥

Aunque tienen muchas cosas en común, como el amor por el orden y lo estético, la indecisión de ambos y su manera dramática de afrontar los conflictos significará que deberán poner de su parte para entenderse.

+ GÉMINIS

♥ ♥ ♥ ♥ ♥ ♥ ♥ ♥ ♥ ♥

Una de las mejores parejas del Zodíaco. Atracción física fuerte entre ambos. Además de ser los dos sociables y buscar relaciones ligeras y agradables, a ambos les desagrada la intensidad.

+ ACUARIO

♥ ♥ ♥ ♥ ♥ ♥ ♥ ♥ ♥ ♥

Una buena pareja. Los dos necesitan su espacio. Aunque Acuario posee un sentido mucho más fuerte de identidad que Libra, este puede perderse en la personalidad acuariana.

+ PISCIS

♥ ♥ ♥ ♥ ♡ ♥ ♥ ♥ ♥ ♥

Ambos son almas suaves y gentiles, saben escuchar, pero toda la intensidad emocional pisciana puede desequilibrar a Libra, aunque existe una fuerte atracción entre ambos.

+ ESCORPIO

♥ ♥ ♥ ♥ ♥ ♡ ♥ ♥ ♥ ♥

La intensidad escorpiana puede resultarle muy abrumadora a Libra. Puede establecerse una relación algo codependiente, pues Escorpio tiende a la manipulación y Libra puede caer en sus juegos.

+ CÁNCER

♥ ♥ ♥ ♥ ♡ ♥ ♥ ♥ ♥ ♥

El cambiante Cáncer, con su lado más emocional, puede desestabilizar mucho a Libra. Será necesario esfuerzo por ambas partes para que la cosa funcione. Dificultad en la comunicación.

+ VIRGO

♥ ♥ ♥ ♥ ♡ ♥ ♥ ♥ ♥ ♥

Pueden llevarse bien, pero Virgo tiene las cosas muy claras y Libra cambia mucho de opinión; se pueden sacar bastante de quicio en este sentido. Será necesaria mucha paciencia.

+ TAURO

♥ ♥ ♥ ♥ ♥ ♡ ♥ ♥ ♥ ♥

Tauro es terriblemente obstinado e incluso cabezota, y Libra cambia de opinión como de chaqueta, por lo que las discusiones serán frecuentes. Comparten el gusto por lo armónico y bello.

+ CAPRICORNIO

♥ ♥ ♥ ♥ ♡ ♥ ♥ ♥ ♥ ♥

Como los otros signos de tierra, Capricornio es de ideas fijas y aunque ambos son cardinales, Libra puede encontrar la ambición y el áspero carácter de Capricornio excesivamente decidido y determinado.

+ ARIES

♥ ♥ ♥ ♥ ♡ ♥ ♥ ♥ ♥ ♥

Aunque Aries tiene mucho carácter, a Libra su iniciativa le parecerá irresistible. Es una pareja que puede parecer muy distinta, pero se complementan muy bien y sexualmente son compatibles.

+SAGITARIO

♥ ♥ ♥ ♥ ♥ ♡ ♥ ♥ ♡ ♡

El optimismo y el característico «dejarse llevar» de Sagitario le sienta de maravilla a Libra, que puede aprender a tomar decisiones a su lado. Funcionan mejor como amistad en general.

+ LEO

♥ ♥ ♥ ♥ ♡ ♥ ♥ ♥ ♡ ♡

Libra es sensible a toda la sensualidad de Leo y caerá rendido a sus encantos. Pero a Leo le cuesta mantener el interés mucho tiempo y Libra y su indecisión pueden agobiar al alegre Leo.

EL MITO QUE DA ORIGEN A LIBRA:
¿Astrea o Julio César?

La constelación de Libra representa la balanza de la justicia, que era la que portaba la diosa Astrea, representada, asimismo, en la constelación de Virgo.

Astrea era la hija de Zeus y Temis, diosa de la justicia divina, pero también se la considera una de las titánides. A Astrea le encargó su madre la tarea de ayudar a administrar la justicia entre los mortales. Por lo tanto, mientras que a su madre se la considera diosa de la justicia divina, la hija personificaba la justicia mortal.

Astrea, además, fue la última de las inmortales en vivir en el mundo terrenal. Su padre, Zeus, la convirtió en constelación al llegar al final de la edad dorada, era mitológica en la que los dioses y los mortales convivían, y en la que se sitúan la mayoría de los mitos griegos. La balanza que forma la constelación de Libra se sitúa a su derecha y, en algunas versiones de la constelación, Astrea sostiene esta balanza en representación de la justicia.

También se la conoce por ser la portadora de los rayos de Zeus y por ser la única de las titánides a la que se le permitió conservar la virginidad (aunque en realidad la titánide era su madre, Temis, a Astrea y otras descendientes de titanes también se las considera así en algunas fuentes). Al ser la aliada de Zeus en la guerra de los titanes, el dios le concedió este honor.

Todo esto ya lo hemos visto en la constelación de Virgo, pero conviene recordarlo porque ambas guardan relación.

Libra es una constelación discreta, de estrellas poco brillantes, situada entre las constelaciones de Virgo y Escorpio. En algunas representaciones antiguas, la constelación de Libra forma parte de la de Escorpión, incluso en Grecia se la denominaba en ocasiones «Pinzas de Escorpión». Libra pasó a ser una constelación en la antigua Roma por orden de Julio César. Este mandó eliminar a Ofiuco para que siguiera habiendo doce signos zodiacales; por este motivo, Libra es la única constelación que no representa a un animal ni a un hombre o mujer mitológicos.

Otra de las simbologías que esconde la constelación de Libra es la relación entre la balanza y su regente, Venus. Simboliza los encantos que posee la diosa y su delicado equilibrio: por un lado, el amor puro, y por otro, la lujuria. En este delicado equilibrio se plasma la esencia de la atracción y el amor entre los mortales, y en este delicado equilibrio también se manifiestan los nativos de este signo.

La representación de Libra

Ahondando más en el significado oculto de la balanza, su origen y su conexión con la justicia se encuentran en el antiguo Egipto y sus ritos funerarios. Cuando una persona moría, debía pasar el juicio de los dioses Osiris, Tot y Anubis. El fallecido entregaba a Anubis su corazón y este lo ponía en una balanza. El corazón representaba las buenas obras de la persona en vida y en el otro platillo una pluma simbolizaba las malas acciones. Si el corazón pesaba más que la pluma, el difunto merecía la vida eterna. Más tarde, los griegos tomaron la balanza para representar la justicia y los romanos le añadieron la espada y la venda en los ojos a la diosa Iustitia, representación que ha llegado a la actualidad.

Temporada Libra
19 octubre
25 octubre
Temporada Escorpio

VIRGO ♍
TIERRA ☿
mutable
NEGATIVO

LIBRA ♎
AIRE ⚖
Cardinal
POSITIVO

CÚSPIDE LIBRA-ESCORPIO
19 de octubre – 25 de octubre

Cúspides son las personas nacidas en los días inmediatamente anteriores y posteriores al cambio de temporada astrológica. Las personas nacidas en esas fechas tendrán rasgos tanto del signo anterior como del posterior. Dependiendo del resto de su carta astral, podrán sentirse identificadas con su signo de Sol o con el otro signo próximo a la fecha de su nacimiento.

Las personas nacidas en cúspide Libra-Escorpio se caracterizan por ser arrebatadoramente atractivas. Esto se debe a que unen la sensualidad venusina (regente de Libra) con la pasión y fogosidad marcianas (regente de Escorpio). Son personas que dan mucha importancia a la estética y su imagen personal, pero poseen una mente maquinadora y que suele urdir planes y tejer redes alrededor de sus conquistas. Pueden verse metidos en relaciones algo turbulentas, pues por un lado tienden a idealizar a su pareja sobremanera y por otro se ven atraídas por personas misteriosas o con mucha energía de Marte (sexual, física...). Viven pasiones muy fuertes.

Escorpio

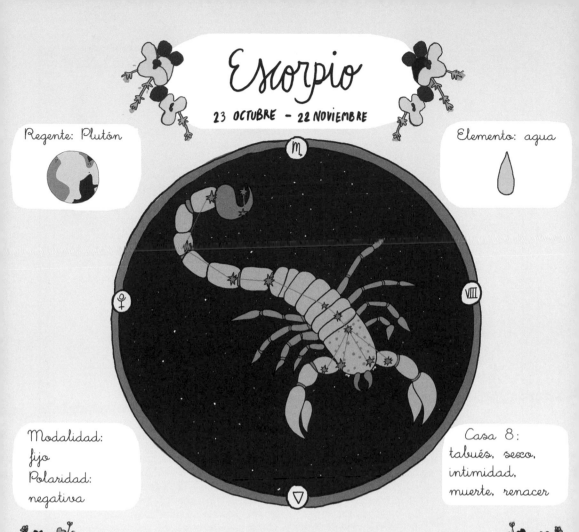

Regente: Plutón

Elemento: agua

Modalidad: fijo
Polaridad: negativa

Casa 8: tabués, sexo, intimidad, muerte, renacer

Escorpio es un signo con «mala fama», retorcido, manipulador o incluso un poco siniestro. Y aunque no se puede negar que un escorpio puede tener tendencia a ocultar información, ser misterioso y muy pasional, también es el signo con mayor profundidad emocional, con una gran capacidad para la empatía y para resurgir de sus cenizas como el ave fénix.

Escorpio es el signo de la transformación profunda, sus nativos no se quedan en lo superficial: les gusta explorar a fondo la complejidad del alma humana. Lo espiritual, la vida y la muerte, lo oculto son temas que sin duda atraparán en mayor o menor medida a los escorpianos. Además es uno de los signos más fogosos, pues el sexo, unido al subconsciente, lo oculto y los tabúes, son cuestiones en las que los Escorpio destacan. Su carácter atrapa, son carismáticos, pero su carisma reside en lo misterioso, lo sexual, lo prohibido. Pueden ser proclives a caer en obsesiones o en relaciones tóxicas. Si te consideras una persona mucho más liviana que todo esto y eres Escorpio, haz tu carta astral; seguro que tienes planetas dominantes en otros signos.

ESCORPIO
Signo de agua, fijo y femenino.
Fechas: 23 de octubre - 22 de noviembre

Virtudes: es fuerte, determinado, leal, fiel, intuitivo.
Tiene capacidad de regeneración, es decidido, poderoso,
emocional, *outsider*, persuasivo, astuto.
Defectos: es vengativo, controlador, despiadado, desconfiado, celoso,
temperamental, posesivo, drástico, dominante, furioso, manipulador, vanidoso.

Constelación

La constelación de Escorpio se conoce desde la Antigüedad. Es una constelación muy brillante; en contraste, la débil constelación de Libra, situada a su este, era conocida anteriormente como «Pinzas de Escorpión».

Su estrella más brillante es Antares, una estrella rojiza muy brillante que suele confundirse en el cielo con el planeta Marte, de ahí su nombre: Antares significa «opuesto a Ares», dios de la guerra griego y equiparable al Marte romano.

Regentes de Escorpio: Plutón y Marte

Tal como veremos en el capítulo 4, Plutón es el regente de Escorpio. No obstante, Plutón es un planeta descubierto hace relativamente poco. En la Antigüedad, Aries y Escorpio compartían regencia en Marte. En la actualidad, Marte se considera una regencia secundaria del signo del escorpión. El regente principal de Escorpio es Plutón. Las cuestiones plutonianas son las relativas a la muerte del ego, el renacimiento, lo oculto y lo intuitivo a un nivel muy subjetivo y subconsciente. Plutón es, en la mitología romana, el dios del inframundo, de la muerte, el equivalente griego de Hades.

Venus encuentra su detrimento en Escorpio y la Luna, su exilio. Plutón y Marte hallan su domicilio en este signo. Veremos lo que significa en el capítulo siguiente.

¿Cómo gestionar la energía de Escorpio?

La energía escorpiana es una de las más difíciles de gestionar. Para las personas de Sol Escorpio (aunque también puede aplicase a personas con otros planetas en este signo), el mayor reto será aprender a no aferrarse: dejar ir y soltar las experiencias. La energía Escorpio es una energía transformadora que, una vez dominada, ayudará a la persona a conocer los aspectos más profundos y ricos de la naturaleza humana. Para la persona Escorpio, la vida puede resultar, sobre todo en la juventud, dolorosa, pues son incapaces de conformarse con lo meramente superficial. Son proclives de caer en obsesiones por esa forma de profundizar tanto en las cosas.

A Escorpio no le van las relaciones superficiales. Necesita una intensidad emocional muy grande para sentirse realizado y unido a una persona. La única manera de aprender a soltar y no obsesionarse para Escorpio será a través de la experiencia. La vida irá poniendo a Escorpio las personas y experiencias adecuadas para que aprenda a apreciar esta parte tan intensa y personal de la experimentación. Si no te sientes identificado con esta energía tan profunda, recuerda que debes hacer tu carta astral y analizarla (consulta el último capítulo).

Amuletos para Escorpio

Los amuletos más apropiados para Escorpio son los que los ayudan a mantenerse emocionalmente equilibrados y contribuyen a atraer el equilibrio a todas las áreas de su vida (laboral, sentimental, espiritual, económica).

Nombre	Tipo de amuleto		Finalidad
Obsidiana	Piedra (semipreciosa) marrón/dorada		Potencia la vitalidad, influye en la libido y en las emociones de carácter sexual.
Malaquita	Piedra (semipreciosa) marrón/dorada		Da energía a su portador para no ser drástico y mantener la cabeza en situaciones estresantes.
Jaspe rojo	Piedra (semipreciosa) marrón/dorada		Se relaciona con la pasión.
Llave de hierro o acero	Objeto		Atrae la riqueza material, la seguridad emocional y financiera. Llévala siempre encima.
Peonía	Flor		Flor extremadamente atractiva. Representa el deseo y la atracción.
Rojo y negro	Color		Rojo: color de la fuerza, la vitalidad y la pasión. Comparte color en este sentido con Aries. Negro: color del luto y la muerte, del fin y del comienzo.

13 LA MUERTE 13

Carta del tarot asociada: la muerte
Cada signo tiene una carta del tarot asociada que representa de manera simbólica alguna de sus características.
La carta de la muerte no solo simboliza un final, sino un comienzo. Nos señala la lección fundamental de Escorpio: dejar ir las experiencias y enfrentarnos a la vida con profundidad y abrazando las luces y las sombras, áreas en las que el nativo de Libra tendrá que esforzarse.

Escorpio famosos: Drake, Winona Ryder, Emma Stone, Joaquin Phoenix, Penn Badgley, Björk...

Ritual para Escorpio para dejar ir

Necesitas:

- Incienso
- Vela blanca
- Cerillas

Procedimiento:

Cuando una situación te agobie, enciende una cerilla; con ella, prende la vela blanca y con esta, el incienso, todo ello en un lugar seguro (como tu casa). Contempla el humo y piensa en lo que quieres dejar ir; cuando estés listo, deja que el incienso se consuma y te invada la tranquilidad.

Compatibilidades de Escorpio

Recuerda comprobar tu signo
de la Luna, Venus y Marte además del signo del Sol.

+(OTRO) ESCORPIO
♥♥♥♥♥♥♥♥♡♡

Dos personas muy intensas y sexuales, pero al ser los dos irascibles y algo rencorosos, pueden surgir problemas. Deberán cultivar la paciencia y el perdón.

+ PISCIS
♥♥♥♥♥♥♥♥♡♡

Ambos poseen una faceta emocional muy profunda. Son los dos muy intuitivos; Piscis se sentirá protegido, cuidado y comprendido al lado de Escorpio, y este puede encontrar el amor en este signo.

+CÁNCER
♥♥♥♥♥♥♥♥♡♡

Una buena pareja. Los dos necesitan mucha intimidad en una relación de pareja, la atracción puede ser muy fuerte. Ambos son temperamentales, deberán aprender a perdonar.

+ TAURO
♥♥♥♥♥♥♥♥♥♡

Opuestos complementarios. Surgirá entre ellos gran atracción, pero para que Tauro se sienta bien, Escorpio debe aprender a gestionar su mundo interior; ambos deben darse cierto espacio.

+ CAPRICORNIO
♥♥♥♥♥♥♥♥♥♡

Se complementan de maravilla. Ambos pueden construir una relación estable donde no falta un lazo íntimo físico y emocional, y estabilidad económica. Cuidado con los celos y los juegos de poder.

+ VIRGO
♥♥♥♥♥♥♥♡♡♡

Pueden llegar a tener mucha estabilidad emocional, pues ambos se sienten protegidos y cuidados. Escorpio debe intentar usar más la cabeza y Virgo no ser tan crítico.

+ LIBRA
♥♥♥♥♥♡♡♡♡♡

Pueden llevarse bien, pero los celos de Escorpio tal vez agobien a Libra, a quien no le gustan los juegos mentales ni las grandes exigencias. En un sentido más físico son bastante compatibles.

+ ACUARIO
♥♥♥♥♡♡♡♡♡♡

Aunque puede existir una atracción de primeras, Escorpio es un signo muy celoso y o bien Acuario se distancia a la primera muestra de celos o bien Escorpio no se siente lo bastante seguro.

+ GÉMINIS
♥♥♥♥♡♡♡♡♡♡

Ambos son ingeniosos, les gusta descubrir cosas nuevas y originales. Pero el excesivo compromiso y dedicación que exige Escorpio en una relación puede agobiar con facilidad a Géminis.

+ LEO
♥♥♥♥♡♡♡♡♡♡

Ambos tienen mucha personalidad, las discusiones pueden ser muy frecuentes. La atracción física entre estos dos signos es innegable, pero los dos son muy individualistas y chocarán.

+ ARIES
♥♥♥♡♡♡♡♡♡♡

Esta relación puede ser muy complicada. La impulsividad ariana choca totalmente con el instintivo y misterioso Escorpio. Eso sí, pueden animarse mutuamente y ser muy apasionados.

+ SAGITARIO
♥♥♥♡♡♡♡♡♡♡

Aunque pueden vivir momentos muy divertidos juntos, Sagitario entiende el amor como algo muy libre y Escorpio aspira a fundirse totalmente con el ser amado. Es complicado que florezca.

EL MITO QUE DA ORIGEN A TAURO:

Orión y el escorpión

Para explicar el origen de la constelación de Escorpio, se conocen dos versiones del mismo mito. Los personajes comunes a estas dos versiones que ahora veremos son Orión y un alacrán o escorpión.

Orión es un personaje mitológico que aparece en muchas fuentes, aunque ningún autor antiguo cuenta su historia en detalle. Pero en líneas generales, Orión era un gran guerrero o un gigante. Era tan grande que podía caminar por el fondo del mar y su cabeza asomaba por encima de las olas.

En uno de los mitos se cuenta que mientras la diosa virgen Artemisa, diosa de los bosques, la caza y protectora de los animales y la naturaleza, estaba de caza, el gigante Orión intentó violarla. Artemisa, para defenderse, pidió ayuda a un alacrán. Este picó a Orión y le provocó la muerte, y la diosa, en agradecimiento, elevó al alacrán para formar una constelación.

En otra de las versiones más extendidas, Orión era hijo del dios Poseidón, dios de los mares, y Euríale, princesa de Minos. Poseidón le dio a su hijo la capacidad de andar sobre el agua. En esta versión hay dos subversiones: por un lado, se dice que Orión se quedó ciego y mientras vagaba sin rumbo un escorpión lo picó y lo mató. En el otro final de la historia, se cuenta que

Orión, que era un gran cazador, estaba de caza con la diosa Artemisa y su madre Leto. Orión, un poco para fardar delante de las diosas, dijo que si quisiera podría matar a todos los animales de la tierra, pues era un magnífico cazador. La diosa Gea, protectora de la tierra, al oír a Orión se enfadó con él, pero a la vez se sintió amenazada y asustada, y mandó un monstruoso escorpión gigante para acabar con él. El escorpión mató a Orión y la diosa Gea elevó al escorpión como constelación. Las diosas Leto y Artemisa, bastante impresionadas por la situación, elevaron también a Orión como constelación, pero al lado opuesto de Escorpio (mira el mapa de estrellas, páginas 12-13). La constelación de Orión brilla más en invierno, pero según se acerca el verano pierde gran parte de su brillo, mientras que en el caso de su constelación opuesta, Escorpio, sucede justo lo contrario: en verano gana brillo y lo pierde en invierno; están enfrentadas por siempre, tal como relata el mito.

Representación de Escorpio

El escorpión es uno de los animales que más aparece en diversas mitologías y hace referencia en muchas ocasiones a la dicotomía entre su pequeño tamaño y aparente fragilidad y su letal veneno, capaz de matar a un animal grande o incluso a una persona si se siente amenazado. Esto encaja muy bien también con la idiosincrasia de los escorpianos.

Por otro lado, la energía de Escorpio se asocia también con el mito de Perséfone: la joven inocente que regresa del Hades como una mujer poderosa y madura. Alude al proceso de trasformación tan frecuente que sufren en especial las mujeres Escorpio o con la Luna en Escorpio en su juventud. Asumir toda la intensidad y poder escorpianos en vez de rechazarlos es uno de los principales retos de los Escorpio.

CÚSPIDE ESCORPIO-SAGITARIO

19 de noviembre - 25 de noviembre

Cúspides son las personas nacidas en los días inmediatamente anteriores y posteriores al cambio de temporada astrológica. Las personas nacidas en esas fechas tendrán rasgos tanto del signo anterior como del posterior. Dependiendo del resto de su carta astral, podrán sentirse identificadas con su signo de Sol o con el otro signo próximo a la fecha de su nacimiento.

Las personas nacidas en esta cúspide toman toda la intensidad del agua de Escorpio y la chispa del fuego de Sagitario, dando lugar a personas con mucha iniciativa, rebeldes, con carácter. Pueden ser también muy extremistas en sus relaciones: querrán todo o nada de aquellos que aman, pero al mismo tiempo pueden sentirse inseguros, conscientes de todo el amor que necesitan, y salir corriendo cuando ven que pueden llegar a sufrir o sentirse vulnerables. Son personas muy espirituales, que combinan la profundidad de Escorpio con las ansias de conocer y descubrir ideas nuevas de Sagitario.

Sagitario

23 NOVIEMBRE – 21 DICIEMBRE

Domicilio: Júpiter

Elemento: fuego

Modalidad: mutable

Polaridad: positiva

Casa 9:
salir de casa, viajar, conocer mundo, salir de nosotros mismos

Sagitario es el signo más intrépido del Zodiaco. Mientras que la energía de Escorpio nos enseña a conocernos a nosotros mismos y a ahondar en nuestra psique, Sagitario nos enseña a compartir, abrirnos, disfrutar, dar y recibir, salir de nuestra zona de confort, romper los límites, conocer el mundo, darnos al exterior para alcanzar la realización personal. Los Sagitario suelen ser personas, por ello, de naturaleza inquieta, que siempre quieren aprender y descubrir nuevas experiencias. Son sociables pero no frívolos, pues entre los signos de fuego es el más interesado en la filosofía y conocer el pensamiento de los demás. Un Sagitario siempre estará deseando aprender basándose en experiencias. Son personas optimistas, con ganas de vivir, y nada los hace más felices que compartir lo que tienen con sus amigos, disfrutar, salir, viajar; en definitiva, expandirse y vivir experiencias plenas. Son personas de mente abierta, tolerantes y que suelen tener amigos de procedencias, creencias y opiniones muy diversas.

Por otro lado, pueden resultar algo dispersos y suelen evitar enfrentar las responsabilidades. Si eres Sagitario y no te sientes identificado con esto, recuerda que debes hacer tu carta astral para ver qué signos dominan tu carta.

SAGITARIO
Signo de fuego, mutable y masculino.
Fechas: 23 de noviembre - 21 de diciembre

Virtudes: es optimista, sincero, abierto de mente, tolerante, sociable, generoso, libre, aventurero, curioso, inquieto, extrovertido, amable.

Defectos: derrochador, exagerado, impaciente, irascible, irresponsable, excéntrico, extremo, temerario, torpe, inoportuno, desordenado.

Constelación

Es una de las constelaciones que están más al sur; por ello, observarla desde el hemisferio norte es complicado. Su nombre, Sagitario, viene del latín y significa «arquero». Su estrella más brillante es Kaus Australis. Está rodeada de las constelaciones del Águila, Escorpio y Capricornio.

Regente de Sagitario: Júpiter

Tal como veremos en el capítulo 4, Júpiter es el regente de Sagitario. Es el equivalente del dios Zeus. Como ya vimos al estudiar mitos de otros signos, Zeus era el *fuckboy* del Olimpo: despreocupado, ligón, irascible y todo esto siendo generosa. Aunque la influencia planetaria de Júpiter sea menos fuerte, dado que es de órbita lenta, Júpiter también representa el orden y la autoridad. Desde un punto de vista benévolo, la influencia de Júpiter se manifiesta haciendo a los Sagitario seres extremadamente sociables y amigables. Además, la regencia de Júpiter se considera afortunada; los nacidos bajo ella serán proclives a recibir buenas noticias financieras, pero en contrapartida esta regencia también actúa como un amplificador de hechos negativos.

El detrimento de Sagitario está en la Luna; la exaltación, en el nodo sur y Eris, y la caída, en el nodo norte y Ceres. En el próximo capítulo veremos qué significa.

¿Cómo gestionar la energía de Sagitario?

La energía de Sagitario es una de las más vivaces, intrépidas y aventureras del Zodíaco; no obstante, por ese afán de vivir en el momento y disfrutar de los placeres de la vida, tienden a gastar en exceso y su despreocupación y falta de planificación y organización puede llevarlos a situaciones precarias. Sagitario deberá hacer a lo largo de su vida un esfuerzo por organizarse en la medida de lo posible. A no ser que su carta astral tenga posiciones en tierra, un Sagitario deberá hacer un esfuerzo por poner unas ciertas pautas a esa energía tan viajera, no para reprimirla, sino para sacar el máximo partido de ella. Por ejemplo, puede aprender a gestionar su dinero de tal forma que en vez de gastarlo en pequeñas cosas sin importancia pueda emplearlo en un curso de alguna actividad que disfrute o para un viaje. También puede aprender a sacar un beneficio económico de las actividades que más disfrute, pues un trabajo aburrido y monótono, rutinario, puede acabar por apagar el fuego de Sagitario. Sea como sea, lo más importante a la hora de gestionar las energías dominantes en nuestra personalidad no es negarlas, sino sacarles el mayor partido posible mediante ciertas pautas y no negar nuestra propia esencia.

Amuletos para Sagitario

Los amuletos más apropiados para Sagitario son aquellos que les calman la mente, les elevan el espíritu y los ayudan a tomar buenas decisiones, atrayendo la fortuna y dándoles paz y cordura para mantenerla.

Nombre	Tipo de amuleto		Finalidad
Zafiro	Piedra (preciosa) azul		Sosiega nuestro mundo interior para que podamos tomar las decisiones lo más calmadamente posible.
Ópalo	Piedra (semipreciosa) multicolor		Ayuda a creer en uno mismo, sacar nuestro máximo potencial y dar lo mejor de nosotros mismos.
Lapislázuli	Piedra (preciosa) roja		Se relaciona con las habilidades mentales y el intelecto.
Laurel	Vegetal		Atrae la buena suerte y la fortuna económica. Portar unas hojas en un saquito para llevarlas encima.
Clavel	Flor		Flor extremadamente atractiva. Representa el deseo y la atracción.
Violeta	Color		Violeta o sus variantes: morado, lila, púrpura. Representa bonanza económica, prosperidad. También tiene relación con lo espiritual o místico, los viajes de aprendizaje, las riquezas...

Carta del tarot asociada: la templanza
Cada signo tiene una carta del tarot asociada, que representa de manera simbólica alguna de sus características. La templanza se asocia con la moderación, el equilibrio, la justa medida de las cosas. Encierra una enseñanza fundamental para los Sagitario, pues deberán ir adquiriendo estas cualidades a lo largo de la vida al no ser algo innato en ellos.

Sagitario famosos: Miley Cyrus, Britney Spears, Brad Pitt, Steven Spielberg, Christina Aguilera...

LA TEMPLANZA

Ritual para Sagitario para atraer la prosperidad material

Necesitas:

- Hojas de laurel
- Cerillas
- Azúcar
- Carbón de encendido

Procedimiento:

En un espacio abierto y seguro, pon el carbón de encendido en un recipiente. Deposita en él las hojas de laurel y ve añadiendo el azúcar mientras repites: «Conseguir dinero quiero y dinero tendré: con el laurel que quemo, el dinero atraeré». Espera a que las hojas se carbonicen por completo y echa las cenizas al aire mientras repites de nuevo la frase.

Compatibilidades de Sagitario

Recuerda comprobar tu signo
de la Luna, Venus y Marte además del signo del Sol.

+(OTRO) SAGITARIO

♥ ♥ ♥ ♥ ♥ ♥ ♥ ♥ ♡ ♡

Son dos personas que entenderán plenamente sus sentimientos de libertad y respetarán sus espacios, pero en el plano económico pueden resultar muy desorganizados y despreocupados.

+ LEO

♥ ♥ ♥ ♥ ♥ ♥ ♥ ♥ ♥ ♡

Una muy buena combinación. Ambos aman vivir la buena vida y sexualmente serán muy compatibles. Los problemas pueden surgir por disputas de celos, pues Leo necesita mucha atención.

+ ARIES

♥ ♥ ♥ ♥ ♥ ♥ ♥ ♥ ♡ ♡

Resultan ser, en muchos sentidos, una buena combinación. Pero ambos son impulsivos e irascibles, pueden discutir frecuentemente y Aries puede resultar algo celoso.

+ GÉMINIS

♥ ♥ ♥ ♥ ♥ ♥ ♥ ♥ ♥ ♡

Son opuestos complementarios y Géminis siempre estará dispuesto a enseñar cosas nuevas a Sagitario, y este a escuchar y poner en práctica sus locas ideas.

+ ACUARIO

♥ ♥ ♥ ♥ ♥ ♥ ♥ ♥ ♥ ♡

Ambos aman la libertad, aunque Acuario puede encontrar a Sagitario algo despreocupado y a este Acuario puede parecerle un poco bicho raro; respetarán sus espacios.

+ LIBRA

♥ ♥ ♥ ♥ ♡ ♥ ♥ ♥ ♥ ♥

Libra necesita un compañero equilibrado y seguro, pero que también respete su espacio. Sagitario solo le aportá a Libra lo segundo y puede encontrarlo demasiado sensible.

+ PISCIS

♥ ♥ ♡ ♥ ♡ ♥ ♥ ♡ ♥ ♥

Aunque puede surgir atracción, Sagitario puede sentirse agobiado por toda la emocionalidad pisciana. Aun así, ambos son idealistas y lucharán por vivir su fantasía.

+ CÁNCER

♥ ♡ ♥ ♡ ♥ ♡ ♥ ♥ ♥ ♥

La directa honestidad de Sagitario puede herir al sensible Cáncer. Además, este entiende que la persona amada debe ser un refugio, cuando Sagitario entiende el amor como mucho más abierto y menos serio.

+ ESCORPIO

♥ ♡ ♥ ♡ ♥ ♡ ♥ ♥ ♥ ♡

Ambos pueden pasarlo bien, existe cierta atracción entre los dos, pero que prospere a algo que sea menos que lo físico va a ser complicado, dada la gran necesidad de intimidad escorpiana.

+ TAURO

♥ ♡ ♡ ♥ ♡ ♥ ♡ ♡ ♥ ♡

Tauro, que sobre todo busca estabilidad y tranquilidad en la vida, puede salir disparado al ver la montaña rusa en la que pretende meterlo Sagitario al entrar en su vida.

+ VIRGO

♥ ♡ ♥ ♡ ♥ ♡ ♥ ♥ ♥ ♡

La mente organizada, práctica y segura de Virgo puede entrar en colapso con la «desorganización» de Sagitario, que puede ver a Virgo como una persona un tanto aburrida y monótona.

+ CAPRICORNIO

♥ ♡ ♥ ♡ ♥ ♡ ♥ ♥ ♥ ♡

Aunque las locas ideas de Sagitario pueden convertirse en realidad con la ambición de Capricornio, en el amor no suelen entenderse. Sin embargo, en un negocio pueden complementarse bien.

EL MITO QUE DA ORIGEN A SAGITARIO:

Centauros

Para explicar el origen de la constelación de Sagitario es necesario hablar de los centauros. Los centauros son criaturas mitológicas mitad caballo mitad hombre. En el caso de la constelación, se ilustra a un centauro con un arco, preparado para disparar, en representación del impulso e ímpetu propios de Sagitario.

No obstante, no hay consenso al cien por cien de si en realidad la constelación de Sagitario representa a un centauro.

En ningún mito de la Antigüedad se menciona ningún centauro que disparara flechas. Por esto se piensa que, a pesar de haber pasado como centauro al imaginario colectivo, lo que de verdad representa la constelación es al sátiro Croto. Un sátiro es otro animal mitológico diferente, aunque parecido en cierta medida a un centauro. Los sátiros son criaturas mitad carnero mitad hombre, que viven entre las musas y son alegres y parlanchines, imagen que encaja mucho más con el arquetipo de Sagitario, ya que los centauros suelen ser criaturas mucho más misteriosas, imponentes y poco comunicativas.

Croto era uno de estos sátiros que vivían entre las musas y se le adjudican dos inventos en la mitología griega: el aplauso y el tiro con arco (aunque en otros mitos se les atribuyen a otros dioses y criaturas).

Por todo esto, podemos pensar que, en realidad, el origen de la constelación tiene mucho más que ver con un sátiro que con un centauro. No obstante, por otro lado, otros opinan que la constelación representa al centauro Quirón.*

Este era hijo de Cronos (dios del tiempo y padre, a su vez, de Zeus, Poseidón y Hades, Hestia, Deméter y Hera) y de Fílira, una ninfa de las aguas. Los centauros eran conocidos por estar siempre de mal humor, no querer saber nada de los humanos y ser terriblemente brutos e insensibles. Sin embargo, Quirón era un centauro culto, tranquilo y maestro de múltiples artes, como la música y la caza, e instruyó a algunos de los héroes griegos más conocidos.

* No confundir con el satélite Quirón, astro de segundo grado de relevancia astrológica que ya veremos.

El origen de los centauros

Como para la mayoría de los mitos, existen varias explicaciones acerca del origen de los centauros. En una versión, estos son descendientes de Centauro (hijo de Ixión y Éfele, rey de Tesalia y diosa de las nubes, respectivamente) y las yeguas.

Los centauros en la mitología griega se emplean como metáfora de la brutalidad de los hombres, de los comportamientos poco civilizados. El conjunto de los mitos que relatan las luchas entre los hombres y los centauros se llama centauromaquia, y se trata de una explicación metafórica sobre cómo la razón, la cultura y la ley vencen a la fuerza bruta; de manera parecida, los mitos relacionados con los titanes intentan transmitir el mismo mensaje.

No obstante, el centauro Quirón es el único de los centauros, junto con Folo, que se posiciona con los hombres en defensa de la civilización, el arte y la cultura. Y además da nombre en astrología a un cuerpo celeste que veremos en los próximos capítulos.

Temporada Sagitario 19 dic.

25 dic. Temporada Capricornio

ESCORPIO ♏︎
AGUA ▽
Fijo
NEGATIVO

SAGITARIO ♐︎
FUEGO △
Mutable
POSITIVO

CAPRICORNIO ♑︎
TIERRA ▽

ACUARIO ♒︎
AIRE △
Fijo
POSITIVO

PISCIS ♓︎

ARIES ♈︎
TIERRA △
Fijo

TAURO ♉︎

CÚSPIDE SAGITARIO–CAPRICORNIO

19 de diciembre – 25 de diciembre

Cúspides son las personas nacidas en los días inmediatamente anteriores y posteriores al cambio de temporada astrológica. Las personas nacidas en esas fechas tendrán rasgos tanto del signo anterior como del posterior. Dependiendo del resto de su carta astral, podrán sentirse identificadas con su signo de Sol o con el otro signo próximo a la fecha de su nacimiento.

Las personas nacidas en esta cúspide se caracterizan por el fuerte deseo de aprender y experimentar de Sagitario, combinado con la mentalidad ambiciosa y el trabajo duro propios de Capricornio.

Además, el lado más despilfarrador y loco de Sagitario se ve equilibrado por la mesura y control capricornianos, lo que da lugar a individuos con toda la energía y curiosidad posibles, pero siempre enfocados a lo práctico y conciso.

En una vertiente más negativa, son individuos impacientes, que no soportan a personas más lentas o menos brillantes que ellas mismas y tienden a estallar si no obtienen lo que quieren casi al instante.

CAPRICORNIO
22 DICIEMBRE – 20 ENERO

Domicilio: Saturno

Elemento: tierra

Modalidad: cardinal
Polaridad: negativa

Casa 10: lugar en la sociedad, estatus, vocación

Capricornio, el signo de tierra más ambicioso y determinado. El tópico es que las personas capricornianas invierten mucho tiempo y esfuerzo en su carrera profesional, y aunque en parte es verdad, sería más acertado decir que los Capricornio, simplemente, buscan estabilidad en la vida, no les gustan los sobresaltos y por eso saben que es importante asegurarse un buen trabajo y unas buenas relaciones para conseguir esa estabilidad. ¿Quiere decir esto que son fríos y calculadores? Sí y no. Por un lado, no es que sean fríos, es que el sentido del humor de Capricornio es algo irónico y cínico, no es para todo el mundo. Suelen ser bastante cerrados emocionalmente; esto no significa que no tengan sentimientos, más bien que sienten tanto las cosas que no quieren que les hagan daño.
Para ganarte su confianza necesitarás demostrarles tus sentimientos con acciones, las palabras se las lleva el viento. Son muy exigentes, pero porque ellos también dan mucho. El estatus es importante para ellos, pero no son arribistas; eso sí, prefieren relacionarse con personas que estén al mismo nivel en esfuerzo, entrega y solidez.

CAPRICORNIO
Signo de tierra, cardinal y femenino.
Fechas: 22 de diciembre – 20 de enero

Virtudes: es constante, ambicioso, honesto, leal, seguro, confiable, realista, práctico, bueno en la toma de decisiones, tiene instinto para los negocios, es tenaz, persistente.
Defectos: es egoísta, frío, insatisfecho, melancólico, orgulloso, inflexible, tímido, apático, controlador, obsesivo, materialista.

Constelación

Capricornio se encuentra entre Sagitario y Acuario en la rueda zodiacal. El resto de las constelaciones próximas a Capricornio son el Águila, el Microscopio y el Pez Austral (mira el mapa de estrellas, pp. 12-13). Capricornio es una constelación mediana y aunque no es de las más antiguas, ya aparece en el siglo II d. C. como una de las más importantes y como signo del Zodíaco. Es una constelación poco brillante y la estrella que más destaca es Deneb Algedi, en árabe «cola de cabra».

Regente de Capricornio: Saturno

Tal como veremos en el capítulo 4, Saturno es el regente de Sagitario. ¿Os suena el cuadro *Saturno devorando a sus hijos*, de Goya? Saturno para los romanos o Cronos para los griegos es el padre de muchos de los dioses más conocidos: Zeus, Poseidón, Hestia, Deméter, Hera y Hades, y de algunos de los titanes más famosos, como Afros, Bitos o Quirón. Se le conoce por el mito en el que devora a sus hijos para no perder su poder, aunque al final lo derrotan Gea y Zeus. La regencia de Saturno en Capricornio se manifiesta en temas ligados con el poder (si se conoce el mito es una deducción fácil), el estatus, los comportamientos propios que nos esclavizan, el trabajo, las reglas y las leyes restrictivas, la estructura, la frialdad...

El detrimento de Capricornio está en la Luna; su exaltación, en Marte, y su caída, en Júpiter.

¿Cómo gestionar la energía de Capricornio?

La energía de Capricornio está muy relacionada con la ambición, la superación de dificultades, la tenacidad, el cumplimento de metas y objetivos, por lo que todo lo que tenga que ver con el esfuerzo y la dedicación les nacerá casi de forma natural. No obstante, para los capricornianos, la vida puede ser como escalar una montaña: un esfuerzo continuado por seguir adelante, crecer y demostrarse a sí mismos y a los demás de lo que son capaces. Pueden olvidar que la vida también tiene una faceta mucho más liviana y placentera, a la que no tienen por qué renunciar. En la férrea dinámica de Capricornio hay una pequeña dicotomía, pues son algo extremistas: no quieren perder el control, pero es fácil que los inunde la sensación de no poder retomar las riendas y se abandonen al azar (son bastante pesimistas). Para que esto no suceda, es importante que incluyan en su día a día algo de diversión y actividad social, pero sin «abandonarse». Por ejemplo, pueden establecer una hora al día para hablar con sus amigos o una mañana para quedar con su familia; es cuestión de integrar esas interacciones en su rutina.

Amuletos para Capricornio

Los amuletos más apropiados para Capricornio son aquellos que los ayudan a alcanzar sus objetivos, pero también los que equilibran su lado emocional y dejan florecer sus sentimientos y deseos más íntimos, lo que los ayuda a conseguir lo que quieren, pero también los equilibra.

Nombre	Tipo de amuleto		Finalidad
Ónix	Piedra (semipreciosa) negra		Proporciona confianza, fuerza y resistencia a su portador.
Hematita	Piedra (semipreciosa) gris		Aleja las malas energías, refuerza el optimismo y equilibra lo espiritual y con lo físico.
Cuarzo ahumado	Piedra (semipreciosa) roja		Refuerza la concentración y la memoria, favorece todos los procesos mentales.
Granate	Piedra (semipreciosa) rojo oscuro		Aporta valentía y fortaleza. Ayuda cuando parece que está todo perdido para no perder la esperanza.
Violeta	Flor		Flor de color brillante pero con suaves pétalos, delicada pero fuerte.
Gris	Color		Color neutro, sólido, funcional, práctico, que representa el equilibrio y la seriedad característicos de este signo. También representa la inteligencia.

Carta del tarot asociada: el diablo

Cada signo tiene una carta del tarot asociada, que representa de manera simbólica alguna de sus características. El diablo es la carta del tarot asociada a Capricornio, no porque sean malos malísimos, sino porque simboliza que la mayoría de las veces las cadenas que cargamos son autoimpuestas. Capricornio es un signo que tiende a sufrir por su afán de llegar a todo y la lección que aporta esta carta es que está en nuestra mano liberarnos de la mayoría de las ataduras.

Capricornio famosos: David Bowie, Michelle Obama, Dellafuente, Kate Moss, Bradley Cooper...

15 EL DIABLO 15

Ritual para Capricornio para pedir protección y calma

Necesitas:

- Incienso de sándalo - Amatista morada natural
- Té de tilo

Procedimiento:

En un espacio seguro y ventilado, enciende el incienso de sándalo, pon la amatista a su derecha y prepárate el té de tilo. Repite siete veces la siguiente frase: «Deseo obtener toda la calma posible para llevar a cabo mis propósitos, soy fuerte y resiliente», y tómate el té mientras el incienso se consume por completo.

compatibilidades de Capricornio

Recuerda comprobar tu signo
de la Luna, Venus y Marte además del signo del Sol.

+(OTRO) CAPRICORNIO

♥ ♥ ♥ ♥ ♥ ♥ ♥ ♥ ♥ ♡

Pueden formar muy buena pareja, pues ambos son ambiciosos y comparten metas y ambiciones. Buscan la seguridad y la estabilidad, y pueden descuidar lo familiar.

+VIRGO

♥ ♥ ♥ ♥ ♥ ♥ ♥ ♥ ♥ ♡

Una de las mejores parejas del Zodiaco. Se inspirarán mutuamente seguridad, el meticuloso Virgo y el determinado Capricornio pueden formar un dúo imparable. Puede haber problemas, pues ambos son inflexibles.

+TAURO

♥ ♥ ♥ ♥ ♥ ♥ ♥ ♡ ♡ ♡

Los dos son de tierra y sus energías básicas son muy compatibles. Además, sus diferencias los harán crecer: Capricornio puede aprender a disfrutar más con Tauro y este a ser más ambicioso.

+PISCIS

♥ ♥ ♥ ♥ ♥ ♥ ♥ ♡ ♡ ♡

Piscis se encontrará muy seguro con Capricornio y este puede sacar su lado más soñador y creativo de la mano de Piscis. Se nutren y se ayudan en sus debilidades; es una de mis parejas favoritas.

+ESCORPIO

♥ ♥ ♥ ♥ ♥ ♥ ♥ ♥ ♥ ♡

Una de las mejores parejas del Zodiaco. Ambos necesitan mucha estabilidad, intimidad y son algo posesivos, por lo que pueden desarrollar una relación muy profunda y enriquecedora.

+CÁNCER

♥ ♥ ♥ ♥ ♥ ♥ ♥ ♥ ♡ ♡

Son opuestos complementarios. Cáncer pone el hogar, lo maternal, y Capricornio, lo relacionado con lo material, pero se complementan de manera que ambos se encuentran seguros y en su hogar.

+LIBRA

♥ ♥ ♡ ♥ ♡ ♥ ♡ ♡ ♡ ♥

Libra, como signo de aire, puede encontrar a Capricornio demasiado dogmático e inflexible. Libra puede sacar de quicio a Capricornio con sus cambios de opinión y sensibilidad. Deberán esforzarse.

+GÉMINIS

♥ ♥ ♥ ♥ ♥ ♡ ♡ ♡ ♡ ♡

Aunque las ideas e inquietudes de Géminis pueden fascinar en gran medida a Capricornio, sus idas y venidas y su idea más informal de las relaciones pueden desestabilizarlo bastante. Es una buena amistad.

+ACUARIO

♥ ♥ ♥ ♡ ♥ ♡ ♡ ♡ ♡ ♡

Comparten que son racionales, pero son muy individualistas y Acuario es más sociable y de ideas más locas, lo que puede hacer que Capricornio se sienta inseguro y saque su lado más controlador y celoso.

+ARIES

♥ ♡ ♡ ♡ ♥ ♡ ♡ ♡ ♡ ♡

Ambos tienen una fuerte personalidad, pero son muy diferentes. Se puede establecer una insana competencia entre ellos. Capricornio encontrará a Aries irracional, superficial y temerario.

+LEO

♥ ♥ ♡ ♥ ♡ ♥ ♡ ♡ ♡ ♡

Capricornio es un signo que no se deja llevar por el encanto superficial y los halagos, pero con Leo podría hacer una excepción... si no fuera por los celos de Capricornio, pues los Leo son muy coquetos.

+SAGITARIO

♥ ♡ ♡ ♥ ♡ ♥ ♡ ♡ ♡ ♥

Una combinación muy complicada. Sagitario disfruta de la vida, ama descubrir cosas nuevas. Capricornio es mucho más tradicional y no verá con buenos ojos el despilfarro de Sagitario.

La metamorfosis de Pan

En cuanto a mitos relacionados con Capricornio, podemos encontrar tres versiones diferentes del origen de esta constelación.

La primera se encuentra en la titanomaquia, es decir, la guerra legendaria entre dioses y titanes, en la que los titanes intentaron arrebatarle el poder a Zeus y al resto de los dioses para sembrar el caos y la destrucción (en el primer albor la Tierra lo pasaba fatal).

En este contexto encontramos al semidiós Pan, al que veneraban los agricultores y ganaderos. Pan era un sátiro, es decir, una criatura mitad cabra mitad hombre. Vivía con las musas y le gustaba gastarles bromas y perseguirlas (era un poco pesado).

El titán Tifón se encaminó a destruir a todos los dioses y comenzó la guerra entre titanes y dioses. En el caos reinante, Pan intentó escapar para advertir a Hermes, para que a su vez este avisara a Zeus (entonces no había WhatsApp); se tiró a un río con intención de convertirse en un pez y salir nadando a toda prisa, pero la transformación no le salió demasiado bien y acabó siendo una mezcla entre una cabra y un pez. El aviso de Pan llegó tarde, pues Tifón ya había descuartizado a Zeus; entonces, Hermes y Pan ayudaron a juntar los trozos de Zeus para que pudiera presentar batalla y en agradecimiento Zeus elevó a Pan como una constelación.

Otro de los orígenes de la constelación es el relacionado con la cornucopia o copa de la abundancia. Rea escondió a Zeus para que su padre, Cronos, no lo devorara (como había hecho con el resto de sus hijos, porque a Cronos le agobiaba que crecieran y pudieran quitarle el poder). Mientras fue un niño, creció con la ninfa Amaltea en Creta. Amaltea era una criatura que, a pesar de ser una mujer, poseía unos grandes cuernos dorados en la cabeza, como los de un carnero, pero en versión más *cool*. Un día, uno de los cuernos de Amaltea se rompió y esta lo llenó de frutas, flores y dulces, y se lo regaló a Zeus. En agradecimiento, este creó la constelación de Capricornio.

Simbología de Capricornio en astrología

El carácter capricorniano queda muy bien plasmado y se puede explicar a la perfección gracias a su representación. En Capricornio encontramos una dualidad. Por un lado, la cabra simboliza ese afán de los Capricornio por seguir subiendo, ser duros, fuertes y tenaces, como las cabras monteses que aguantan todas las inclemencias del tiempo y de su agreste ámbito.

La cola de pez simboliza lo emocional, lo conecta con el agua. Este signo simboliza cómo podemos hallar la solidez y seguridad de la tierra a través de nuestra parte emocional. El agua nutre la tierra como las emociones nutren la mente; prescindir del lado emocional sería castrar nuestra parte intelectual. Deben estar en armonía y dedicar tiempo suficiente a ambas partes como para que esto funcione. Esta es una lección que Capricornio deberá aprender a lo largo de la vida, pues este signo es proclive a relegar su emocionalidad para no sufrir. Es complicado para Capricornio entender que la vida no tiene por qué ser una carrera de obstáculos; también hay momentos para dejarse nutrir por el agua o las emociones y la compañía de los demás, dejando salir nuestro verdadero potencial. Es fácil que las personas con mucha carga en Capricornio o casa 10 en su carta natal se encuentren con dilemas de este tipo a lo largo de su vida, en especial en la adolescencia o primera juventud.

CÚSPIDE CAPRICORNIO-ACUARIO

17 de enero - 25 de enero

Cúspides son las personas nacidas en los días inmediatamente anteriores y posteriores al cambio de temporada astrológica. Las personas nacidas en esas fechas tendrán rasgos tanto del signo anterior como del posterior. Dependiendo del resto de su carta astral, podrán sentirse identificadas con su signo de Sol o con el otro signo próximo a la fecha de su nacimiento.

Las personas nacidas en esta cúspide se caracterizan por tener las ideas innovadoras acuarianas y la intención y perseverancia de Capricornio para materializarlas. Además, son personas muy políticas y dadas a los extremos, pues la seriedad y confianza de la tierra se une a los vientos de cambio, rebeldía y revolución que supone el aire. Son también muy fijos en sus ideas y la empatía puede no ser su fuerte.

Les resultará muy incómodo que se les contradiga y pueden llegar a ser un poco dictadores. No se toman las relaciones a la ligera, por eso deben estar muy seguros a la hora de comprometerse con alguien; las relaciones no suelen ser su prioridad.

Acuario

21 ENERO - 18 FEBRERO

Domicilio: Urano

Elemento: aire

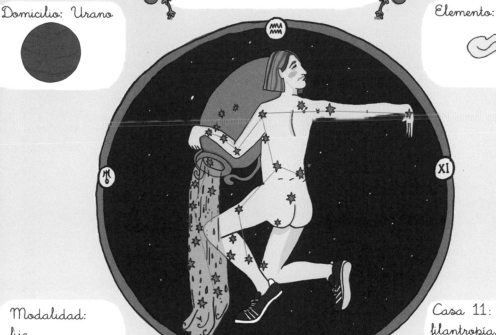

Modalidad: fija
Polaridad: positiva

Casa 11: filantropía, propósito mayor, asociaciones, ONG

Acuario tiene que ver con todo lo innovador, diferente, que se sale de la norma y rompe fronteras. Se trata de un signo transgresor y original, pero también tremendamente racional e independiente. Para Acuario es muy importante diferenciarse de los demás, está orgulloso de ser la oveja negra y tiene mucha personalidad. Es el primero en seguir todas las tendencias o es él mismo el que las crea. Suelen ser, sin embargo, personas que apuestan más por el bien colectivo que por el individual; es decir, seguramente sean los primeros en alistarse en un movimiento político, ONG o sindicato de su interés, pero a la hora de ayudar a personas o situaciones concretas, suelen ser muy individualistas. Se trata de personas muy autosuficientes y desapegadas, por lo que su actitud ante el problema de alguien puede ser: si yo puedo solo, tú también deberías.
Son resolutivos y necesitan tiempo en soledad, aunque paradójicamente son también muy sociables y extrovertidos. Su independencia suele confundirse con falta de empatía o sentimientos, pero son personas que, por el contrario, tienen emociones muy profundas y valores elevados.

ACUARIO
Signo de aire, fijo y masculino.
Fechas: 21 de enero - 18 de febrero

Virtudes: es innovador, rebelde, original, racional, resolutivo, analítico, racional, filántropo, tolerante, perseverante, creativo, divertido.
Defectos: es caprichoso, desconcertante, oportunista, interesado, desafiante, ególatra, excéntrico, contradictorio, radical, cambiante, complejo.

Constelación

Es una de las constelaciones más grandes del Zodíaco. Se sitúa en la parte del firmamento llamada «el Mar», dado que en él se ubican varias constelaciones relacionadas con el agua: Cetus, Delfín, Piscis y el Eridano (mira el mapa de estrellas de las páginas 12-13). Su estrella más brillante es Sadalsuud.

Regente de Acuario: Urano (y Saturno)

Tal como veremos en el capítulo 4, Urano es el regente de Acuario. Urano rige todo lo relativo a la rebeldía, el arte, la innovación, la originalidad, las ideas locas que sientan un precedente. Se relaciona también con el progreso, la tecnología y los ideales. Asimismo, se asocia con romper las estructuras. Por todo esto, Acuario es un signo que asume todas estas características y se manifiesta como el más rebelde y original de todo el Zodíaco.

En la mitología era el titán que representaba el cielo, esposo de Gea, la diosa de la tierra. Fue uno de los titanes primigenios que fue padre de muchos de los titanes y dioses principales, entre ellos el ya mencionado Cronos, que a su vez fue padre de dioses muy principales. Su segundo regente es Saturno; se le aplican cualidades similares que a Capricornio (racionalidad, seguridad, estructura...).

El detrimento de Acuario se encuentra en el Sol; su exaltación, en Plutón, y su caída, en Neptuno. Veremos lo que significa en el siguiente capítulo.

¿Cómo gestionar la energía de Acuario?

Acuario es uno de los signos más complejos y contradictorios del Zodíaco (si no el que más). Es innovador, original y rebelde, pero también muy racional y práctico. En el terreno emocional es en el que Acuario puede sufrir mayores dificultades. Son muy desapegados, necesitarán una pareja que respete mucho su espacio e independencia. Por otro lado, son muy sociables, simpáticos y amigables, pero necesitan períodos de estricta soledad.

Acuario debe desarrollar su sentido de la empatía. Aunque se preocupan por temas como la igualdad o la justicia social, son desconsiderados con los sentimientos ajenos. Tienden a racionalizar sus emociones, por lo que las personas emocionales o sentimentales les resultan bastante difíciles de entender. Dentro del corazón de un Acuario hay un anhelo de estabilidad y por eso temen que otras personas rompan con su equilibrio. Ante la posibilidad de intimar con alguien, puede volverse frío y distante sin motivo aparente, pero porque teme ser vulnerable. Debe aprender que la vulnerabilidad no es debilidad y que las personas más sensibles suelen ser las más fuertes.

Amuletos para Acuario

Los amuletos más apropiados para Acuario son aquellos que los conectan con su naturaleza emocional. Tiene mucho que ver con el aguador, mito que veremos más adelante.

Nombre	Tipo de amuleto		Finalidad
Turquesa	Piedra (semipreciosa) verde		Amuleto de buena suerte para Acuario. Es más efectiva en su forma en bruto.
Zafiro	Piedra (preciosa) azul		Aporta serenidad y da calma a la hora de tomar decisiones.
Ojo de turco	Cristal azul		Evita las envidias y los malos sentimientos de los enemigos o falsos amigos.
Turmalina negra	Piedra (semipreciosa) negra		Aporta claridad. Apropiada si se busca estar enfocado en un objetivo concreto o meta.
Orquídea	Flor		Flor que simboliza la fortaleza de carácter y la originalidad.
Turquesa	Color		El color turquesa se relaciona con Acuario por su regente, Urano. Hace referencia a la creatividad, a lo global, al colectivo... También se relaciona con Acuario el arcoíris.

Carta del tarot asociada: la estrella

Cada signo tiene una carta del tarot asociada, que representa de manera simbólica alguna de sus características. En el caso de Acuario, se trata de la estrella, pues tanto Acuario como la casa 11 están relacionados con trascender lo material y entregarse a lo colectivo, a influir en la sociedad. Otras cartas también asociadas con Acuario son el mago (persona novedosa y original) o el loco.

Acuario famosos: Mozart, Alvar Aalto, James Dean, Cristiano Ronaldo, Yung Beef, Shakira, Paris Hilton...

17 LA ESTRELLA 17

Ritual para Acuario para vencer los nervios y las dudas

Necesitas:

- Seis piedras naturales
- Caja de madera con tapa de vidrio
- Pintura de colores acrílica
- Pinceles

Procedimiento:

En luna llena, pinta las seis piedras dejándote llevar por tu intuición, déjalas secar y mételas en la caja. Mantén la caja en un lugar sombrío, y cuando sientas nerviosismo o indecisión, sácala y observa las piedras mientras respiras profundamente; te ayudará a conectar contigo mismo y disipar las preocupaciones.

compatibilidades de Acuario

Recuerda comprobar tu signo
de la Luna, Venus y Marte además del signo del Sol.

+(OTRO) ACUARIO
♡♡♡♡♡♡♡♡♡♡

Una pareja fantástica. Ambos aman su libertad y son muy creativos y originales. La unión de dos Acuario es, sin duda, una gran combinación.

+ GÉMINIS
♡♡♡♡♡♡♡♡♡♡

Muy buena pareja. Ambos son dinámicos, sociables y extrovertidos. Son muy independientes, pero se encontrarán fascinantes el uno al otro. Los dos tienen un sentido muy informal de las relaciones.

+LIBRA
♡♡♡♡♡♡♡♡♡♡

Libra es algo más sentimental y da muchas vueltas a las cosas. Acuario tiende a rayarse menos y los constantes altibajos de Libra pueden hacer que la relación pierda interés para él.

+ LEO
♡♡♡♡♡♡♡♡♡♡

Se complementan de maravilla. Leo pone la creatividad y el ego individual, y Acuario una visión más global. Se divertirán mucho, el problema pueden ser los celos de Leo a la larga.

+ ARIES
♡♡♡♡♡♡♡♡♡♡

Existe una fuerte atracción entre ambos signos. Son algo temerarios, sociables y muy dinámicos; puede ser una relación muy pasional, pero el furioso Aries puede agobiar a Acuario.

+ SAGITARIO
♡♡♡♡♡♡♡♡♡♡

Los dos son almas libres, independientes y con ganas de descubrir todo lo nuevo e inesperado, pero la irresponsabilidad de Sagitario puede poner de los nervios a Acuario, que es más cuadriculado.

+ TAURO
♡♡♡♡♡♡♡♡♡♡

Aunque la estabilidad taurina puede resultarte atractiva a Acuario, Tauro encontrará a este demasiado excéntrico y de ideas muy locas. Acuario puede agobiarse con la atención de Tauro.

+ VIRGO
♡♡♡♡♡♡♡♡♡♡

Los dos son muy analíticos y racionales, pero mientras que Acuario posee una mente ágil y rápida, Virgo confía más en la constancia y el progreso. Necesitarán paciencia para que funcione.

+ CAPRICORNIO
♡♡♡♡♡♡♡♡♡♡

A pesar de ser ambos racionales e individualistas, Capricornio necesita mucha estabilidad, compromiso y es algo celoso, cualidades con las que a Acuario le resultará tedioso lidiar.

+ PISCIS
♡♡♡♡♡♡♡♡♡♡

Piscis necesita la fusión completa con su ser amado, es idealista, cree en el amor y lleva los sentimientos a flor de piel. Acuario puede herir a Piscis con su carácter más frío, aunque ambos pueden sentir atracción.

+ESCORPIO
♡♡♡♡♡♡♡♡♡♡

Diferentes y misteriosos. Escorpio necesita mucha intensidad emocional, mientras que a Acuario lo intenso le asusta.

+ CÁNCER
♡♡♡♡♡♡♡♡♡♡

Cáncer es muy emocional, tiene cambios de humor y es bastante dramático, el cóctel ideal para sacar a Acuario de quicio. Hará falta mucho esfuerzo para que la cosa funcione.

EL MITO QUE DA ORIGEN A ACUARIO:

Ganimedes, el copero de los dioses

La constelación de Acuario es una de las primeras que ya observaron en el firmamento otras civilizaciones anteriores a la griega, como la egipcia y la sumeria. Tanto ellos como los griegos coincidían en ver en esta constelación un portador de agua, un aguador o una vasija vertiendo agua; para los egipcios representaba las crecidas del Nilo y el origen de la vida, y para los sumerios, al dios origen también de la vida: Anh.

En cuanto al mito griego, los protagonistas son Zeus y Ganimedes. Este era un chico joven y muy guapo, el más guapo del mundo, encantador y con pelazo. Además, era príncipe de Troya, que no era poca cosa. Zeus, como no podía ser de otra manera, se encaprichó del joven. Estando Ganimedes un día en el campo, se encontró con un águila que lo raptó y lo llevó al monte Olimpo. Efectivamente, el ave era Zeus transformado. Una vez llegados al lugar donde vivían los dioses, Zeus le encomendó la tarea de ser el copero de todos los dioses, es decir, llenarles la copa para que no les faltara de nada. Para compensar al padre de Ganimedes por el rapto de su único y amado hijo y heredero, Zeus le regaló una serie de presentes, entre los que destacaban unos caballos blancos inmortales. Para arreglar todavía más la situación y demostrar que no iba a malas, Zeus le dedicó a Ganimedes una constelación, la de Acuario, que lo representaba a él vertiendo agua con una tinaja. Parece ser que a Ganimedes lo de vivir en el Olimpo con los dioses, aunque fuera de copero, le pareció guay, y que se sepa accedió gustoso a la situación y se convirtió en uno de los sirvientes más leales del dios Zeus.

La constelación de Acuario está acompañada de la del Águila (mira el mapa de estrellas de las páginas 12-13); una vez más, Zeus le regala al secuestrado una constelación con la forma del animal del que se sirvió para raptarlo (recuerda la constelación de Tauro y el rapto de Europa).

Simbología de Acuario en astrología

Aunque Acuario es un signo de aire y Capricornio de tierra, ambos están relacionados indirectamente con el agua. Mientras que la cola de pez de Capricornio simboliza que el agua nutre y fortifica la tierra (la emoción refuerza la lógica y la razón no la nubla), en Acuario el agua simboliza algo totalmente diferente. El aguador que representa su constelación porta una vasija desde la que el agua va cayendo al suelo revolucionándola, moviéndola y cambiándola.

Esto simboliza, por un lado, la naturaleza rebelde e inquieta de Acuario, su personalidad dinámica y su conexión con la revolución. Por otro, también representa esa faceta de Acuario que ya hemos mencionado. El mundo interior de Acuario suele ser bastante turbulento: por un lado son muy independientes, por otro buscan la innovación y la novedad con frecuencia, y se sienten atrapados y estancados. Para ellos es complicado dejar fluir las emociones con libertad (como el agua en una vasija) y una lección que deben aprender en la vida es precisamente dejar fluir su lado emocional (a su manera), pues tienden a ser mucho más racionales y prácticos. Acuario es el penúltimo signo del Zodíaco y, junto con Piscis, representa la madurez emocional, objetivo al que aunque a estos signos les costará llegar por motivos diversos, significará el culmen de su vida y la aceptación de quienes son realmente.

Temporada Acuario

17 febr.

23 febr.

Temporada Piscis

CÚSPIDE ACUARIO-PISCIS
17 de febrero - 23 de febrero

Cúspides son las personas nacidas en los días inmediatamente anteriores y posteriores al cambio de temporada astrológica. Las personas nacidas en esas fechas tendrán rasgos tanto del signo anterior como del posterior. Dependiendo del resto de su carta astral, podrán sentirse identificadas con su signo de Sol o con el otro signo próximo a la fecha de su nacimiento.

En esta cúspide lo más característico es el deseo de socorrer y dar ayuda a las personas, tanto en un sentido individual como colectivo. Se junta la filantropía acuariana con la empatía y emocionalidad pisciana, lo que da lugar a individuos tremendamente entregados y considerados. Son capaces de sacrificarse y darse a sí mismos y su vida por una causa mayor o un colectivo al interesarse por temas humanitarios o políticos, y a dejar una honda impresión en aquellos con quienes se crucen.

En la parte negativa, pueden vivir tanto por y para el otro que pierden en cierta medida su sentido de identidad.

Piscis

19 FEBRERO - 20 MARZO

Domicilio: Neptuno

Elemento: agua

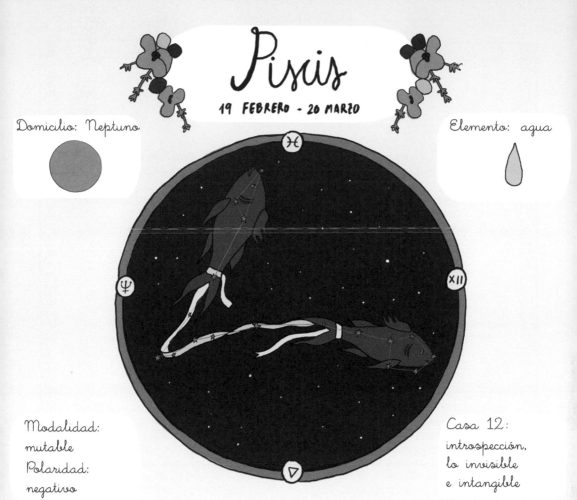

Modalidad:
mutable
Polaridad:
negativo

Casa 12:
introspección,
lo invisible
e intangible

Piscis se caracteriza por ser el signo más creativo, sensible y soñador del Zodíaco. La sensibilidad pisciana es la que tiene que ver con el mundo de los sueños, el subconsciente, la imaginación, las artes y la espiritualidad en su vertiente más etérea. Los Piscis suelen ser personas con mucha sensibilidad, dulces, ingenuos y empáticos, pero toda esta capacidad emocional también puede llevarlos a cierta inestabilidad personal si no cuentan con otras energías en su carta. Pueden, asimismo, desarrollar personalidades evasivas y no creerse capaces de hacer frente a los conflictos, aunque paradójicamente son optimistas y risueños. También son idealistas y pueden perderse con facilidad en sueños lúcidos o ensoñaciones, y tender a veces a la pereza y a la falta de ambición en una mezcla entre falta de determinación y timidez.

Todos los Piscis tienen en mayor o menor medida una faceta artística y soñadora, o encuentran gran consuelo y tranquilidad en el arte, en especial en la música o la poesía.

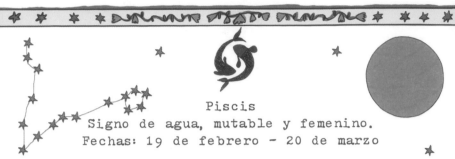

Piscis
Signo de agua, mutable y femenino.
Fechas: 19 de febrero - 20 de marzo

Virtudes: empático, idealista, soñador, dulce, sensible, intuitivo, artístico, optimista, versátil, animoso, bueno escuchando.
Defectos: distraído, ambiguo, emocional, cambiante, desordenado, caótico, enamoradizo, tímido, dejado, confuso.

Constelación

La constelación de Piscis o los Peces se encuentra entre las de Acuario y Aries, y es la última de los signos del Zodíaco, cerrando la rueda. Es una constelación de gran tamaño, pero sus estrellas no son muy brillantes, por lo que no es fácil observarla.

Regente de Piscis: Neptuno

Neptuno es el regente de Piscis. Neptuno es el dios de la mitología romana equiparable a Poseidón, el rey de los mares y los océanos. Este planeta nos invita a bucear en lo profundo, espiritual y misterioso (recordemos que en astrología el agua simboliza la emoción, nuestro lado sensible e intuitivo). Este domicilio hace a los Piscis personas muy dadas a lo simbólico, lo artístico, lo intuitivo y lo onírico. Pero ligados a estas cualidades están también todo lo subconsciente, místico y oculto. El detrimento de Piscis se encuentra en el planeta Mercurio, su exaltación en Venus y su caída, al igual que el detrimento, en Mercurio también. En unas pocas páginas, al comienzo del capítulo 4, veremos qué significan estas cosas y qué implicaciones tienen en nuestra personalidad.

¿Cómo gestionar la energía Piscis?

La energía Piscis, como ya intuirás, es aquella que tiene que ver con lo subjetivo, la creación artística y el mundo de la ensoñación. Los principales retos de esta energía tendrán que ver con concretar las ideas, materializar sus impulsos artísticos y no dejarse llevar y evadirse de la realidad. Esta evasión puede venir de mano de la pereza, el abuso de sustancias como drogas o el peligro de las relaciones dependientes. Para no caer en estos bucles tóxicos, la persona con mucha carga Piscis en su carta debe trabajar el llamado eje Piscis-Virgo. Virgo es el opuesto complementario de Piscis y, como hemos visto, la energía Virgo tiene que ver con la creación de rutinas, el trabajo diario y la autodisciplina. Para sacar el máximo partido a tu parte pisciana debes trabajar su energía complementaria, la energía Virgo. Haciendo este esfuerzo por mantener unas ciertas pautas, orden y control, podrás sacar el máximo partido a tu creatividad, pues esas reglas te ayudarán a no perderte en lo ambiguo y en el caos y a utilizar toda esa capacidad emocional tanto para tu propio bien como para el de los que te rodean. En esa línea Virgo, Piscis deberá también aprender a poner límites a las personas, pues los Piscis suelen perderse en los demás olvidándose de sí mismos. De esta forma podrás ayudar a otros (algo que te hace sentir muy bien), pero sin drenarte y respetando tu integridad emocional.

Amuletos para Piscis

Los amuletos más apropiados para Piscis los ayudan a mantener el equilibrio emocional, a no entrar en bucles tóxicos y sacar el máximo partido a su talento y creatividad, que de por sí están muy presentes en su personalidad.

Nombre	Tipo de amuleto		Finalidad
Ágata blue lace	Piedra (semipreciosa) azul		Ayuda a vencer la timidez, dando calma y serenidad al que porta esta piedra.
Sodalita	Piedra (semipreciosa) azul oscuro		Nos ayuda a poner los pies en la tierra y no vivir en las nubes. Une lo lógico con lo intuitivo.
Aguamarina	Piedra (preciosa) azul verdoso		Permite la toma de decisiones tranquila y equilibrada.
Figura pez	Objeto		Objeto de la suerte de Piscis. Las joyas con esta forma atraerán la suerte a los nativos Piscis.
Dalia	Flor		Flor que simboliza la gratitud y la empatía.
Azul	Color		Color relacionado con el mar y con las emociones. Se suele relacionar con Piscis por su nexo con el subconsciente.

Carta del Tarot asociada: la luna

Cada signo tiene una carta del tarot asociada, que representa de manera simbólica alguna de sus características. La Luna, a pesar de ser la regente del signo Cáncer, es la carta del tarot asociada a Piscis. Hace referencia a su naturaleza emocional, y a los peligros que esta conlleva: Piscis, dada su extrema sensibilidad e imaginación, puede verse arrastrado por la pereza y la tristeza si no aprende a gestionar bien sus emociones.

Piscis famosos: Kurt Cobain, Bad Gyal, Bad Bunny, Rihanna, Gabriel García Márquez, Liza Minnelli...

18 LA LUNA 18

Ritual para Piscis para no ser perezoso

Necesitas:

- Una vara de incienso de sándalo
- Un cuarzo blanco
- Un recipiente con tierra

Procedimiento:

En luna llena, enterramos el cuarzo en el recipiente con tierra, encendemos el incienso y lo dejamos a la luz de la Luna toda la noche. Decimos la frase: «Que la Luna purifique este cristal, que la Tierra lo cargue de buenas intenciones y que el viento de este incienso le dé fuerzas». Antes de que le dé el sol, cogemos el cuarzo y lo ponemos en el lugar de estudio.

Compatibilidades de Piscis

Recuerda comprobar tu signo
de la Luna, Venus y Marte además del signo del Sol.

+(OTRO) PISCIS
♥♥♥♥♥ ♥♥♥♥♥

Dos Piscis juntos. Una sintonía emocional perfecta, pero la sensibilidad de ambos puede hacer de esta una relación caótica que no los deje crecer.

+ CÁNCER
♥♥♥♥♥ ♥♥♥♥♥

Aunque a nivel emocional y sexual son muy compatibles, son los dos muy explosivos emocionalmente, así que el dramita está bastante asegurado. Ambos deberán aprender a ser pacientes.

+ ESCORPIO
♥♥♥♥♥ ♥♥♥♥♥

Sus mundos emocionales son muy profundos y podrán entablar una relación muy significativa para ambos. Sin embargo, tanta emocionalidad puede consumirlos un poco.

+ VIRGO
♥♥♥♥♥ ♥♥♥♥♥

Se complementan de maravilla. Son opuestos complementarios. Virgo puede ayudar a sacar a Piscis todo su potencial, estructurando un poco toda esa emocionalidad.

+ CAPRICORNIO
♥♥♥♥♥ ♥♥♥♥♥

Capricornio es uno de los signos más serios, aunque puede ser una unión gratificante. Le aportará orden al caos pisciano y Piscis ayudará a Capricornio a abrirse y soltarse.

+ TAURO
♥♥♥♥♥ ♥♥♥♥♥

Piscis dará a Tauro la comprensión y dulzura que necesita, y Tauro a Piscis la estabilidad emocional necesaria como para que afloren todas sus virtudes y esté tranquilo.

+ ACUARIO
♥♥♥♥ ♥♥♥♥♥

Ambos son creativos e imaginativos. Pero Acuario es un signo muy racional e independiente, y Piscis emocional e inseguro, así que puede resultar entenderse en esta relación.

+ GÉMINIS
♥♥♥♥♥ ♥♥♥♥♥

Al igual que Acuario, Géminis es también muy independiente, pero su energía es mucho más anárquica y creativa, por lo que de primeras tienen más en común.

+ LIBRA
♥♥♥♥ ♥♥♥♥♥

Las dudas y cambios de opinión de Libra pueden hacer sentir inseguro a Piscis, y pueden desequilibrarlo un poco. Aun así, ambos son idealistas y románticos.

+ ARIES
♥♥♥♥ ♥♥♥♥♥

Piscis necesita la fusión completa con su ser amado, es idealista, cree en el amor y lleva los sentimientos a flor de piel. Aries es muy brusco y puede herir a Piscis además de dominarlo.

+ SAGITARIO
♥♥♥ ♥♥♥♥♥

Aunque ambos se dejan llevar y son muy cambiantes, Sagi necesita mucha libertad, y Piscis, intimidad. Dos mundos muy diferentes, hará falta esforzarse.

+ LEO
♥♥♥ ♥♥♥♥♥

Pueden vivir momentos muy apasionados, pero el egocentrismo de Leo puede dejar al empático Piscis drenado emocionalmente. Combinación complicada.

EL MITO QUE DA ORIGEN A PISCIS:

Eros y Afrodita

La historia que cuenta el origen de esta constelación tiene como protagonistas a la diosa Afrodita (llamada Venus por los romanos) y su hijo Eros (Cupido para los romanos). Eros era el hijo de Afrodita y Ares (Marte en la mitología romana). Siendo Afrodita la diosa del placer, y Ares el de la violencia y la guerra, es fácil imaginar de qué era dios Eros: efectivamente, de la atracción sexual, el sexo y el amor. Aunque esta versión es tan solo una de las que existen sobre su origen. Eros fue coprotagonista del mito de Eros y Psique, lleno de pasión, celos, mentiras y engaños, pero eso ya es otra historia.

Tras poner en contexto a nuestros protagonistas, retomemos ahora el mito que da origen a la constelación de Piscis.

Cuando Eros era aún un niño, en una tarde soleada se encontraba junto con su madre Afrodita a la fresca cerca de un río. Ella dormía mientras el niño jugaba a su lado. De repente Afrodita se dio cuenta de que el titán Tifón, uno de los seres más horribles de la Tierra, estaba muy cerca de ellos y era cuestión de tiempo que los localizase y les hiciera daño. Así que, veloz como un rayo, cogió a su hijo de la mano y se arrojó al río. Afrodita se transformó en un pez, al igual que su hijo, y se dejaron llevar por la corriente, atados con una gasa para no separarse el uno del otro. De esta forma consiguieron escapar del titán y, ya a salvo, Afrodita puso la suave constelación de Piscis en el cielo como regalo para su niño.

Otra posible explicación para el origen de esta constelación es mucho anterior, y procede de Asiria. Dércetis o Atargatis era una diosa mitad mujer mitad pez.

Por lo tanto, en su origen, esta constelación simbolizaba un solo pez, pues el mito de Afrodita y Eros no es de los más antiguos.

El simbolismo del pez

El pez ha sido un símbolo en diversas culturas, muchas veces relacionado con lo espiritual y místico, al igual que en la astrología.

En el cristianismo el pez está relacionado con la fe, con la premisa de que, si tienes fe, serás recompensado con abundancia (como en la parábola de los panes y los peces).

En China, en cambio, los peces se asocian con el matrimonio y el amor, ya que las carpas koi nadan de dos en dos y son un regalo común para las parejas.

En Escandinavia y otros lugares de Europa, los peces se relacionan con dejarse llevar, disfrutar y aceptar la vida tal como es y la capacidad de adaptación.

En astrología, tal como hemos visto, al estar representando al signo Piscis, los peces guardan relación con todo lo oculto, lo emocional, lo sensible y la mutabilidad de las cosas, cómo nos adaptamos a ellas y nuestra resistencia —o no— a fluir con los acontecimientos de la vida. Nos aportan la poderosa lección de dejar las cosas ser como son, ya que a veces dejar que «las cosas fluyan» significa dejar ir y seguir adelante, recordando el pasado como una valiosa enseñanza, pero sin aferrarnos a él.

Temporada Piscis
17 marzo
23 marzo
Temporada Aries

CÚSPIDE PISCIS-ARIES
17 de marzo- 23 de marzo

Cúspide son las personas nacidas en los días inmediatamente anteriores y posteriores al cambio de temporada astrológica. Las personas nacidas en esas fechas tendrán rasgos tanto del signo anterior como del posterior. Dependiendo del resto de su carta astral, podrán sentirse identificados con su signo de Sol, o con el otro signo próximo a la fecha de su nacimiento.

Son personas, en especial los hombres nacidos en esta cúspide, con un encanto personal muy marcado. Saben hacer sentir cómodas a las personas porque son alegres y de apariencia empática, pero también muy sensuales y siempre con ganas de pasarlo bien. A no ser que otras posiciones lo contradigan, las personas de esta cumbre suelen cambiar mucho de pareja, abandonan una relación breve e intensa y ya están metiéndose en la siguiente. Tendrán el carisma de Aries y la dulzura de Piscis, aunque también pueden ser un poco pasivo-agresivos.

4. Los planetas astrológicos

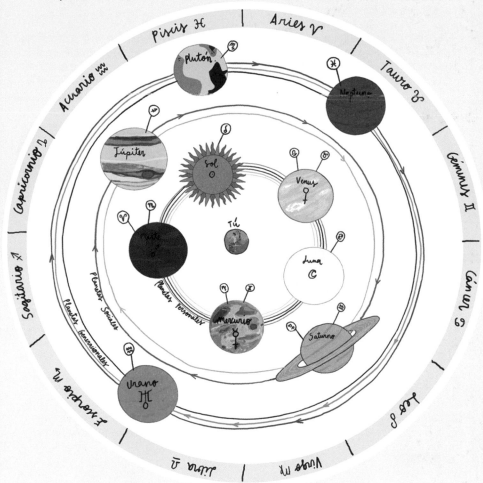

En astrología se considera como planetas a todos los astros cercanos a la Tierra. Desde nuestro punto de vista, parece que los planetas van transitando de un signo al siguiente, recorriendo toda la rueda zodiacal. Así, los planetas pasan por ejemplo de estar en Piscis a estar en Aries y cuando retrogradan hacen el recorrido inverso (aunque es en realidad una ilusión óptica, como ya veremos). El lugar que ocupan los planetas con relación a los signos zodiacales habla de la energía disponible en el momento, y es muy importante a la hora de interpretar nuestra carta natal y saber la energía que estaba disponible en el momento en el que nacimos. Además de los planetas astronómicos (Mercurio, Venus, Marte, Júpiter, Saturno, Urano, Neptuno y Plutón) y las luminarias (el Sol y la Luna), veremos algunos ángulos importantes (ascendente, descendente, medio cielo, nodos, Lilith) y otros astros.

Clasificación de los planetas

Como decíamos, en astrología no se considera solamente a los planetas como tal, sino también a otros cuerpos celestes. Estos cuerpos se dividen en tres grupos, que afectan a diferentes ámbitos:

- Planetas personales: Sol, Luna, Mercurio, Venus y Marte. Son aquellos de órbita rápida, es decir, cambian de signo cada pocos días o semanas. Afectan a rasgos concretos de nuestra personalidad, como nuestra manera de comunicarnos o de amar, nuestros intereses, nuestras emociones o cómo afrontamos una discusión.

Sol	Luna	Mercurio	Venus	Marte
Identidad básica, autoimagen	Emociones, mundo interior	Comunicación, intereses	Forma de amar, gustos, sensibilidad	Violencia, rebeldía, sexo

- Planetas sociales: Júpiter y Saturno. Son los que nos hablan de cómo podemos influir en la sociedad, en nuestro entorno y cómo vamos a enfocar nuestro desarrollo personal en nuestro contexto. Hay que prestar especial atención a las casas (consulta el capítulo siguiente) para interpretar su significado en la carta astral, además del signo en el que están. Permanecen en el mismo signo durante meses o años. Hasta aquí serían los planetas conocidos en la Antigüedad y los que ostentan las regencias clásicas.

- Planetas generacionales/transpersonales o espirituales: Urano, Neptuno y Plutón. Son una incorporación de la astrología moderna. Son de órbita muy lenta (permanecen en el mismo signo años o décadas), por lo que consideramos que actúan en generaciones enteras, marcando los momentos históricos y sociales.

 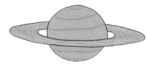

Júpiter	Saturno	Urano	Neptuno	Plutón
Realización, oportunidades, promesas	Responsabilidad, madurez, autocrítica	Revolución, inspiración, independencia	Creatividad, sueños, inconsciente	Muerte, renacer, tabú

- Ángulos y otros astros menores. También tendremos en cuenta ángulos y posiciones entre planetas y puntos de la geoda terrestre, como los nodos, Lilith, ascendente, descendente, medio cielo y otros cuerpos menores como Quirón, Ceres, Palas y otros asteroides (como vamos a ver). El ascendente, el Sol y la Luna forman las tres posiciones principales de la carta natal.

Las dignidades astrológicas

Qué son

Se llama «dignidad» en astrología a la relación entre un planeta y un signo del zodíaco; algunos son más favorables o fáciles de llevar que otros.

Regente o domicilio: Es el signo donde el planeta se encuentra cómodo; en el que la energía fluirá, se manifestará cómodamente.

Detrimento o exilio: Es el opuesto al domicilio y a las personas con estas posiciones les costará más estar cómodas en esa área en concreto

Exaltación: Signo donde el planeta tiene mayor influencia, se manifestará como una energía muy potente en ese planeta y posición; es favorable y al nativo no le constará manifestarla con soltura.

Caída: El planeta estará en caída cuando se encuentre en el signo opuesto al exaltado. Se considera desfavorable, supondrá un reto sentirse cómodo para el que tenga esa posición.

Planeta	Regente	Detrimento	Exaltación	Caída
☉ SOL	Leo	Acuario	Aries	Libra
☽ LUNA	Cáncer	Capricornio	Tauro	Escorpio
☿ MERCURIO	Géminis	Sagitario	Acuario	Leo
	Virgo	Piscis		
♀ VENUS	Tauro	Escorpio	Piscis	Virgo
	Libra	Aries		
♂ MARTE	Aries	Libra	Capricornio	Cáncer
	Escorpio	Tauro		
♃ JÚPITER	Sagitario	Géminis	Cáncer	Capricornio
	Piscis	Virgo		
♄ SATURNO	Capricornio	Cáncer	Libra	Aries
	Acuario	Leo		
♅ URANO	Acuario	Leo	Escorpio	Tauro
♆ NEPTUNO	Piscis	Virgo	Cáncer	Capricornio
♇ PLUTÓN	Escorpio	Tauro	Piscis	Virgo

Los retrógrados

La retrogradación de los planetas se conoce sobre todo por el famoso «Mercurio retrógrado».

¿Qué es realmente que un planeta esté retrógrado?

En la actualidad sabemos que los planetas giran en su órbita siempre en el mismo sentido, pero desde el punto de vista de la Tierra, parece que en algunos períodos de tiempo el planeta se mueva «hacia atrás». Realmente no sucede, pero la sensación óptica se produce porque el planeta se mueve más despacio.

¿Qué implicaciones astrológicas tiene?

Veremos cada uno individualmente, pero en general un retrógrado nos invita a reflexionar y ser introspectivos sobre el tema que rige el planeta; no hay nada que temer, pero es posible que nos volvamos menos receptivos. Es un período para reflexionar, sacar conclusiones sobre cómo enfocar mejor el tema que trate el planeta y cuando este arranque directo (deje de estar retrógrado) poner en acción todas las reflexiones que se han llevado a cabo.

✳ Las luminarias ✳

En astrología llamamos luminarias al Sol y la Luna.
Se consideran los astros principales y más influyentes
en nuestra carta astral.
El Sol simboliza lo externo, lo que brilla, lo permanente, lo físico,
la forma, nuestra esencia como persona y nuestra parte masculina.
La Luna simboliza lo cambiante (como sus fases), las emociones,
el mundo interior, lo subconsciente, lo oculto, lo energético y nuestra
parte femenina. Como la Luna no tiene luz propia refleja la del Sol,
por lo que en astrología se consideran a veces como una sola unidad.
Simbolizan nuestra base primordial como personas.
Esta asociación tiene que ver con que el origen de nuestra cultura
sea patriarcal. Se relaciona lo masculino con el Sol y el poder
y la Luna con lo femenino y lo oculto. Pero es fundamental
conocerlo para tener una visión completa de esta simbología.
En mi versión ilustrada de las luminarias he optado
por dibujarlas como dos mujeres de la mano, pero no
es la representación tradicional, ya que, como explico,
suelen representarse como hombre (Sol) y mujer (Luna).

Los eclipses

¿Qué es un eclipse y cuál es su significado astrológico?

Eclipse de Luna

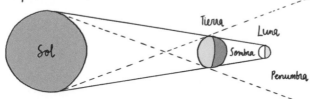

Solo hay eclipse de Luna en luna llena.

Eclipse de Sol

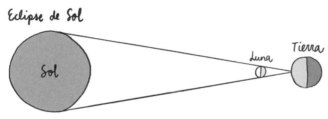

Solo hay eclipse de Sol en luna nueva.

ECLIPSE DE LUNA: Notamos alterados nuestros sentimientos y emociones; son importantes la introspección y la meditación. También es importante durante el eclipse de luna no sacar las piedras a cargar a la luna llena.

ECLIPSE DE SOL: Nos notamos con menos energía, más recogidos y menos vitales. Mayor estrés y abatimiento, cansancio y fatiga.

ASTROLOGÍA PREDICTIVA: REVOLUCIONES
Calcularlas es complicado, pero para saber qué son, basta con decir que se trata de un pronóstico detallado de nuestro año basándonos en nuestra carta natal.

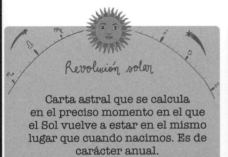

Revolución solar

Carta astral que se calcula en el preciso momento en el que el Sol vuelve a estar en el mismo lugar que cuando nacimos. Es de carácter anual.

Revolución lunar

Marca el momento del mes en el que la Luna está en el mismo lugar que cuando nacimos. Es de carácter mensual.

El Sol

El astro rey en astrología nos habla de nuestra energía básica, aquella que poseemos de manera natural y que manifestamos inconscientemente; no nos cuesta integrarla, pues ya la poseemos. El signo del Sol es el signo por el que transitaba el Sol cuando nacimos, se le conoce también como nuestro signo del Zodíaco. En un hombre, el Sol y Marte forman parte de su identidad masculina; en una mujer, rige qué características encontramos atractivas en otras personas y, por supuesto, también su identidad básica.

Los planetas que formen aspectos con el Sol (los aspectos los veremos en el capítulo 6) influirán en nuestro desarrollo.

La casa donde se encuentre el Sol (veremos las casas en el capítulo 5) indicarán en que área destacarás.

Domicilio: Leo
Exaltación: Aries
Exilio: Acuario
Caída: Libra

Retrogradación: No retrograda
Cambia de signo cada: 29/30 días
Completa su órbita cada: 365 días

El Sol en cada signo

El Sol en Aries se encuentra exaltado, es decir, los Aries llevan al extremo y manifiestan en toda su intensidad la influencia del Sol, lo que hace de ellos individuos fogosos, arriesgados, con mucho carácter. Para ellos brillar y destacar será muy importante y pueden llegar a ser poco considerados si no se les tiene en cuenta. Les gusta ser el centro de atención.

El Sol en Tauro suele dar individuos tranquilos, que disfrutan de los placeres de la vida sin muchos remordimientos. Disfrutones, tranquilos y presumidos, pero también muy cabezotas, tercos y tardan en reaccionar a los imprevistos, lo que dificulta la toma de decisiones y hace que se estanquen o conformen en algunas situaciones.

La dualidad de este signo se manifiesta en el Sol y da lugar a personas que cambian mucho de parecer, a las que les cuesta mantener una opinión fija, pero eso también las hace adaptarse muy bien a los cambios, ser sociables y caer bien a la mayoría de las personas. Son amistosos y relajados. No les cuesta encajar en grupos o situaciones muy dispares.

El Sol en Cáncer denota una personalidad algo irascible, emocional, tradicional y a la vez disruptiva; en una palabra: contradictoria. Los Cáncer con frecuencia tienden a sentirse incomprendidos, lo que los puede llevar a meterse un poco en su concha y no querer mostrarse vulnerables, en especial por experiencias vividas en la infancia.

El Sol en Leo se encuentra en su domicilio. Con frecuencia los Leo son personas con un carisma natural, que gustan a la mayoría y a los que les gusta hacer amistades y conservarlas; gozan de recibir halagos, pero también de dispensarlos, les gusta vivir cómodamente y suelen lograrlo sobre todo debido a su don de gentes. Pueden ser arrogantes y egocéntricos.

El Sol en Virgo tiene como principal característica dotar a sus nativos de un acusado sentido de la observación y el análisis. Procesan despacio las cosas, por lo que no se les escapa detalle. Suelen buscar sistemas para organizar y clasificar sus impresiones, sentimientos y pertenencias. Aunque pueden parecer desordenados, todo obedece a una lógica.

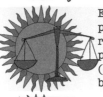
El Sol en Libra se encuentra en caída, lo que hace a los nativos de esta posición individuos indecisos, poco independientes, que suelen buscar un referente que seguir, y pueden muchas veces asimilar rasgos de personalidad de referentes cercanos de la infancia, como su madre (en el caso de las mujeres) o hermanos mayores. Siempre estarán en busca de la armonía, eluden el enfrentamiento.

El Sol en Escorpio da lugar a personas algo misteriosas, pero con sentimientos muy profundos. Sus maneras son poco ortodoxas. El resto de las personas pueden encontrarlos raros o no llegar a entender el complejo y profundo mundo interior de este signo (dependerá mucho en este Sol el signo de la Luna). Pero en general los secretos, los tabúes, el sexo y lo oculto son temas relacionados con este Sol.

El Sol en Sagitario se caracteriza por la búsqueda de experiencias, creencias y personas nuevas. Posiblemente el Sol en Sagitario se manifieste especialmente en la juventud, como despreocupación e irresponsabilidad, pero también como ansias de viajar, salir del lugar de origen, ver mundo, aunque esto estará muy matizado por el signo de la Luna, Marte y Mercurio especialmente (así como por el resto de la carta astral).

El Sol en Capricornio bien aspectado dará lugar a individuos seguros, decididos, ambiciosos, que saben manejarse bien y con seguridad en multitud de situaciones. Mal aspectado, Capricornio puede ser solitario, materialista y desconfiado, cerrado emocionalmente y frío. La vida puede ser una cuesta constante para ellos, pero dependerá del resto de la carta.

El Sol se encuentra en exilio en Acuario. Esto dará lugar a individuos mucho menos centrados en el YO egoísta y mucho más en el colectivo. Son racionales pero idealistas, originales, creativos y sobre todo muy difíciles de entender para los demás, aspecto que tiene mucho que ver con este exilio del Sol, así como su dificultad para expresar emociones personales, esfuerzo mejor recompensado para el colectivo.

El Sol en Piscis dará lugar a personas con toda la sensibilidad, adaptabilidad, empatía e inspiración del agua, pero también con su dispersión, falta de estructura y ambigüedad. Gran creatividad e imaginación, que si no se focaliza y organiza por posiciones en tierra, puede resultar difícil de concretar en algo útil y práctico.

✦ La Luna ✦

La Luna representa nuestro mundo emocional, el mundo interior, cómo nos sentimos de manera íntima. Se relaciona con lo femenino y marca en gran medida la relación con nuestra madre. En una mujer, junto con Venus forma parte de su identidad femenina.

La Luna también se relaciona con nuestro instinto, nuestras reacciones instintivas, cómo exteriorizamos lo que sentimos, nuestro concepto de intimidad y estabilidad emocional.

La casa de la Luna nos da información sobre en qué cosas encontramos consuelo, cuáles nos reconfortan y conforman nuestro «lugar seguro».

Los planetas que formen aspectos con la Luna tendrán su repercusión en cómo expresamos nuestros sentimientos y qué nos afecta más a nivel emocional.

Domicilio: Cáncer
Exaltación: Tauro
Exilio: Capricornio
Caída: Escorpio

Retrogradación: No retrograda
Cambia de signo cada: 2/3 días
Completa su órbita alrededor de la Tierra cada: 29 días

Temas relacionados con la Luna que también veremos en las páginas siguientes:
- Los nodos (nodo norte y nodo sur)
- Lilith (La Luna Negra)
- Fases de la luna y hechizo de luna llena
- La luna llena de cada mes

La luna en cada signo

La Luna en Aries dará lugar a individuos fogosos, temperamentales, amantes del riesgo y la adrenalina, con emociones cambiantes e intensas. Son directos, muy independientes, les gusta tomar la iniciativa en sus relaciones sexo-afectivas. No les gustan los compromisos, que interpretan como ataduras, pero demandan mucha atención y alabanzas.

Las lunas en Tauro hacen que sus nativos tiendan a sentirse bien con lo que tienen, se conformen y resulten muchas veces un bálsamo emocional para personas más inquietas en su mundo interior. Por un lado, necesitan su intimidad, que no los apremien, pero por otro también quieren una pareja afectuosa y dedicada. Suelen ser emocionalmente estables y fieles.

La persona con la luna en Géminis racionaliza sus emociones, es curiosa y se encuentra cómoda en la novedad. Tiene problemas a la hora de comprometerse, pues prefiere probar experiencias diferentes y no sentirse atrapada que profundizar mucho en una sola relación, por lo que puede parecer algo superficial. Curiosidad por vivir relaciones y experiencias variadas.

Las lunas en Cáncer hacen que sus nativos se distingan por ser personas muy cariñosas, maternales, emotivas y sensibles. Poseen un sentido muy desarrollado de la empatía, por lo que las emociones de los demás pueden afectar mucho a su estabilidad emocional y a su mundo interior. Sus principales virtudes son la protección, pues son familiares y cuidadores sin siquiera proponérselo.

La Luna en Leo suele ser una posición algo incómoda, al estar Leo regido por el Sol. La Luna se encuentra con deseos de mostrarse al exterior, lo que resulta en personas simpáticas, dedicadas y con sentimientos nobles. No obstante, por esta necesidad de sentir «de puertas afuera» necesitarán validación exterior y pueden ser muy dramáticos.

La Luna en Virgo potencia en sus nativos la seguridad en las cosas bien hechas, y las relaciones impulsivas y temperamentales pueden hacerles sentir muy mal. Además, pueden ser algo aprensivos y necesitarán analizar todo lo que sienten y que tenga «sentido». Encontrarán un hogar en personas organizadas y que les transmitan seguridad.

La principal característica de los individuos con la Luna en Libra es la búsqueda de equilibrio: no tolerarán personas emocionalmente intensas, las escenas de celos, de control o de obsesión. Necesitan mucha armonía para sentirse bien. Emocionalmente son indecisos, pero a pesar de ello no disfrutan estando solos (a no ser que su Sol, Venus o Marte lo contradiga).

La Luna en Escorpio se encuentra en caída. Es la luna más compleja de manejar para su nativo, de emociones, obsesiones y sentimientos muy intensos. Suelen ser muy intuitivos, pero sobre todo con las facetas más negativas y oscuras de los demás. Una vez controlada, esta luna da una intuición y profundidad poco comunes. Desean llegar al fondo de las cosas, odiando y amando con intensidad e incluso simultáneamente.

La Luna en Sagitario provoca la necesidad de explorar, conocer y ver multitud de posibilidades, tanto a nivel físico como afectivo y espiritual. Si esta búsqueda o aventura no se ve realizada por circunstancias o aspectos opresores con otros planetas, esta persona puede sentirse insatisfecha. Aun así, será alegre, optimista y espontánea.

La Luna en Capricornio se encuentra en exilio. Sus nativos necesitarán mucha estabilidad social, económica y emocional para sentirse tranquilos, y aun así tienden a la insatisfacción. Suelen basar su bienestar en lo material y puede dar lugar a personas algo egoístas y avariciosas. Son también cautelosas y responsables. No suelen tener mucha empatía (a no ser que la carta esté equilibrada con agua).

Las personas con la Luna en Acuario desean mucha libertad e independencia, son algo peculiares en sus necesidades, lo que puede desconcertar mucho a sus parejas. No son en absoluto emocionales y no suelen crear vínculos muy profundos con los demás. Suelen proyectar su mundo emocional hacia el exterior y pueden mostrarse altruistas o desinteresados.

Las personas con la Luna en Piscis son de las más sensibles, suelen sentirse heridas con facilidad, pueden llegar a dar muchas vueltas a las cosas y lastimar sus propios sentimientos con su imaginación, poniéndose en escenarios poco realistas, sobre todo al comienzo de una relación. Se ilusionan con facilidad, pero también les cuesta mantener el interés.

Nodos lunares

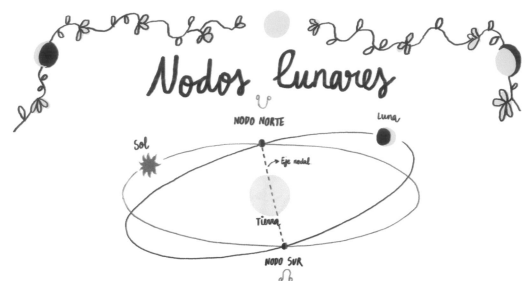

Los nodos lunares o «nodos del karma» nos muestran qué eje de signos debemos trabajar más para desarrollar al máximo nuestro potencial y cumplir nuestro propósito. Geométricamente, los nodos son la intersección aparente entre la órbita de la Luna y la del Sol, es decir, el punto donde parece que estos astros se cruzan desde la Tierra. El nodo norte nos habla de lo que debemos incorporar para crecer, y el nodo sur, de lo que debemos aprender a soltar o dejar ir.

Características de los ejes nodales

NODO NORTE ARIES - NODO SUR LIBRA
Debes buscar: ser atrevido, salir de la zona de confort. Independencia.
Debes dejar ir: las actitudes complacientes.

NODO NORTE LIBRA- NODO SUR ARIES
Debes buscar: empatía, diplomacia y relaciones significativas a nivel personal.
Debes dejar ir: el individualismo.

NODO NORTE TAURO - NODO SUR ESCORPIO
Debes buscar: un balance entre el lado espiritual y el lado materialista.
Debes dejar ir: la necesidad de control.

NODO NORTE ESCORPIO - NODO SUR TAURO
Debes buscar: estar cómodo en la innovación y la incertidumbre.
Debes dejar ir: el hermetismo emocional.

NODO NORTE GÉMINIS - NODO SUR SAGITARIO
Debes buscar: La comunicación, la paciencia, la elocuencia y la curiosidad.
Debes dejar ir: el egoísmo.

NODO NORTE SAGITARIO - NODO SUR GÉMINIS
Debes buscar: la expansión, la experiencia y la sabiduría.
Debes dejar ir: la indecisión y las dudas.

NODO NORTE CÁNCER - NODO SUR CAPRICORNIO
Debes buscar: disfrutar del cariño, el amor, la compasión.
Debes dejar ir: la arrogancia, la soledad.

NODO NORTE CAPRICORNIO - NODO SUR CÁNCER
Debes buscar: el ahorro, la ambición, la fortaleza de carácter.
Debes dejar ir: las emociones opresoras.

NODO NORTE LEO - NODO SUR ACUARIO
Debes buscar: la seguridad en ti mismo, la autoestima, la simpatía.
Debes dejar ir: racionalizar las emociones.

NODO NORTE ACUARIO - NODO SUR LEO
Debes buscar: la originalidad, la creatividad, el valor de lo diferente.
Debes dejar ir: el narcisismo.

NODO NORTE VIRGO - NODO SUR PISCIS
Debes buscar: el orden, la constancia, el análisis.
Debes dejar ir: la ambigüedad, la pereza.

NODO NORTE PISCIS - NODO SUR VIRGO
Debes buscar: ser compasivo, solidario, vulnerable.
Debes dejar ir: analizarlo todo en exceso.

Lilith

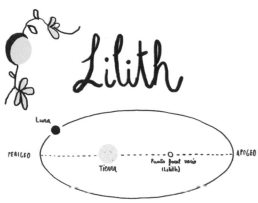

Lilith es un personaje mitológico judeocristiano. Fue la primera mujer de Adán, que Dios creó como igual a este, independiente y fuerte. Como Lilith se revelaba contra la autoridad de Adán, Dios la desterró y creó a partir de la costilla del hombre a Eva, una mujer sumisa y complaciente (más o menos, porque como ya sabemos Eva la lio parda con la serpiente y el fruto del árbol del Edén poco después).

En astrología, se llama Lilith o Luna Negra a un punto entre la órbita de la Luna y la línea imaginaria que pasa por la Tierra y une el perigeo y el apogeo (el punto más cercano y el más lejano a la Tierra, respectivamente, de la órbita lunar). El signo en el que está Lilith en nuestra carta natal es una posición secundaria que nos habla en el caso de la mujer de cómo percibe su propio poder femenino; en el caso del hombre, de cómo percibe el poder femenino de las mujeres. También nos habla de la parte oscura del deseo.

LILITH EN ARIES
Energía temperamental y orgullosa, sexual e incluso agresiva.

LILITH EN TAURO
Deseo apasionado y posesivo, determinado y constante. Sensualidad y dinero se unen.

LILITH EN GÉMINIS
Contradictorio, el deseo se incrementa con los juegos mentales. Ambigüedad.

LILITH EN CÁNCER
Se deja arrastrar por las pasiones, no separa lo físico de lo emocional, fantasiosa.

LILITH EN LEO
Si se siente seguro de sí mismo, el deseo partirá de la autoafirmación: lo quiero, lucho por ello.

LILITH EN VIRGO
Muy selectivo y crítico, pero se manifiesta también siendo entregado y útil.

LILITH EN CAPRICORNIO
Posición contradictoria: el impulso sexual y la búsqueda de equilibrio se contradicen.

LILITH EN ESCORPIO
Se considera su domicilio, el deseo fluye armoniosamente. Es intenso y perturbador.

LILITH EN SAGITARIO
El deseo es muy expansivo, libre, generoso. Desapegado y jovial.

LILITH EN CAPRICORNIO
Lilith limitado y castrado por el deber. Lo deseado se percibe como perjudicial y se rechaza.

LILITH EN ACUARIO
Lilith se ve atraída por todo lo raro y original, deseo libre de ataduras pero intenso.

LILITH EN PISCIS
El deseo se mezcla con el amor, fundirse totalmente con la persona amada.

LAS FASES LUNARES

La fase de la Luna en la que nacemos también tiene su influencia en nosotros,
al igual que influye en el crecimiento de las plantas o en las mareas. La fase
de la Luna en la que nazcamos marcará la energía disponible en relación
con las fases de la Luna, matizará el signo de la Luna y conocerla nos puede
ayudar a respetar nuestros ciclos energéticos (descansar cuando lo necesitemos,
saber cuándo tenemos más energía...).
Además, es también curioso que el ciclo de la Luna y el ciclo medio menstrual
sea el mismo (29 días) y muchas mujeres tengan sincronizada la
menstruación con las fases lunares.
Los agricultores desde la Antigüedad relacionan las fases de la Luna con
los ciclos de crecimiento y poda de las plantas, y también se asocian
tradicionalmente con el crecimiento del cabello.

LUNA LLENA: Mucha energía disponible, las personas nacidas bajo esta luna son
muy nerviosas. En luna llena, es posible que las personas nacidas en menguante
o nueva sufran de dolores de cabeza o estén incómodas.

MENGUANTE: Personas muy dedicadas a las demás, consideradas y empáticas.

LUNA NUEVA: Personas con mayor intuición para asuntos espirituales y ocultos,
emocionales y capaces de sanar emocionalmente a los demás a través de la
conversación.

CRECIENTE: Personas abiertas de mente, libres y dispuestas a salir y darse al
mundo, les agradan las dinámicas de grupo y estar en sociedad.

LAS TRECE LUNAS

Cada año hay trece lunas llenas, cada una marca un punto del
calendario más energético y poderoso que los demás.
Se dice que los nacidos bajo estas lunas tienen un propósito especial
y una poderosa energía personal. Los nativos americanos nombraron
a cada una de las lunas según un cultivo o animal propio de esa época del año.
A cada luna le corresponden una serie de rituales, con plantas
específicas que se dan en el tiempo de esas lunas. Además,
a los recolectores los ayudaba a recordar qué frutos recoger
en esa época concreta.

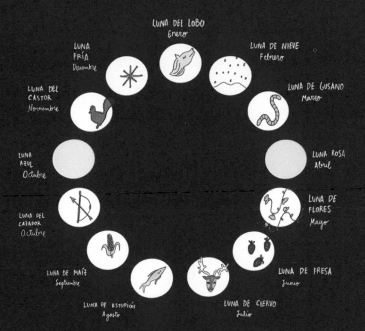

LUNA DEL LOBO
Enero

LUNA FRÍA
Diciembre

LUNA DE NIEVE
Febrero

LUNA DEL CASTOR
Noviembre

LUNA DE GUSANO
Marzo

LUNA AZUL
Octubre

LUNA ROSA
Abril

LUNA DEL CAZADOR
Octubre

LUNA DE FLORES
Mayo

LUNA DE MAÍZ
Septiembre

LUNA DE FRESA
Junio

LUNA DE ESTURIÓN
Agosto

LUNA DE CIERVO
Julio

las lunas llenas se asocian con la magia y el poder femenino.

Mercurio

Mercurio es el dios romano de la comunicación, el mensajero de los dioses y el equivalente a Hermes en el panteón griego.

Mercurio rige nuestra mente. Cómo nos comunicamos, qué intereses tenemos, nuestros procesos de aprendizaje, de organización y qué temas o métodos llaman más nuestra atención. También con qué personas será fácil entenderse y con cuáles habrá que hacer un esfuerzo extra.

Si naciste en Mercurio retrógrado, será más fácil que te comuniques por escrito que en persona. Tu forma de expresarte puede ser poco usual.

Retrograda: 3 veces al año
Cambia de signo cada: mes/mes y medio
Completa su órbita en: 12-14 meses

Domicilio: Virgo y Géminis
Exilio: Sagitario y Piscis
Exaltación: Virgo
Caída: Piscis

Mercurio en cada signo

MERCURIO EN ARIES
De pensamiento rápido, buenos en debates o incluso discutiendo. De argumentos algo agresivos, puede que hablen un poco sin pensar haciendo daño a su interlocutor si es muy sensible. Son francos y directos al decir su opinión, algo impacientes e irreflexivos.

MERCURIO EN TAURO
El pensamiento de las personas con Mercurio en Tauro será lento pero seguro, necesitan estar seguras de las cosas antes de decidir y son determinadas y constantes en el estudio o trabajo. Son sensatos, pero les cuesta cambiar de opinión, son cabezotas.

MERCURIO EN GÉMINIS
Las personas con Mercurio en Géminis son curiosas, con una mente rápida. No suelen profundizar mucho solo en un tema, prefieren tener un conocimiento superficial en muchas áreas distintas, por lo que decantarse por un solo camino profesional puede ser difícil para ellos.

MERCURIO EN CÁNCER
Las personas con Mercurio en Cáncer suelen mezclar lo racional con lo sentimental, la realidad con la ficción, lo objetivo con lo subjetivo, por lo que suelen ser individuos con talento para las artes plásticas, la música y la poesía.

MERCURIO EN LEO
Las personas con Mercurio en Leo son expresivas y su manera de comunicar es segura y algo dramática o exagerada. Consiguen captar la atención de la audiencia, serán buenos oradores o actores.

MERCURIO EN VIRGO
Las personas con Mercurio en Virgo son analíticas, meticulosas, constantes, detallistas y con espíritu crítico. Son tan detallistas que pueden precisamente perderse en las minucias y no enfrentar los problemas grandes, y fijarse más en asuntos más parciales.

MERCURIO EN LIBRA
Mercurio en Libra da lugar a personas que se expresan de manera elegante, que suelen encontrar la palabra justa para describir cada cosa con sensibilidad y precisión. Intentan ser imparciales y ver todos los puntos de vista posibles, lo que hace que sean indecisos.

MERCURIO EN ESCORPIO
Las personas con Mercurio en Escorpio profundizan mucho en los temas que les interesan. Les irritan las personas que se creen expertas en un tema sin serlo o que hablan mucho y piensan poco. Su mente es creativa y profunda.

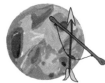

MERCURIO EN SAGITARIO
Las personas con Mercurio en Sagitario son versátiles, despiertas, pero no suelen profundizar en las cosas; prefieren tener una perspectiva más general. Suelen expresarse de forma optimista y abierta, pero algo desconsiderada.

MERCURIO EN CAPRICORNIO
Su manera de expresarse es pragmática, fría, no les llaman los argumentos emocionales ni las cosas que no pueden entender con la razón. Pueden sentirse más cómodos trabajando en un campo científico y son rigurosos y firmes en sus ideas.

MERCURIO EN ACUARIO
Las palabras clave que definen a las personas con Mercurio en Acuario son: creativas, idealistas, poco convencionales, de ideas novedosas e incluso revolucionarias. Aman experimentar y llevar a soluciones poco ortodoxas, pero siempre interesantes.

MERCURIO EN PISCIS
Las personas con Mercurio en Piscis se expresan de manera imaginativa y soñadora, y sus gustos suelen ser artísticos. Pueden encontrarse más cómodas expresándose de una forma artística. Se dejan llevar más por la intuición que por la razón.

Venus

Venus es la diosa romana de la belleza, el amor y la sexualidad, equivalente griega de Afrodita. Venus rige nuestros gustos (tanto estéticos como amorosos), nuestra forma de amar y relacionarnos afectivamente. La casa donde se encuentra Venus indica en qué áreas de la vida nos sentimos más cómodos comprometiéndonos. Los aspectos con Venus, con qué tipo de personas nos gusta relacionarnos. Si naciste en Venus retrógrado, es posible que tiendas a sobreanalizar tus relaciones afectivas.

Retrograda: 2 veces cada 3 años
Cambia de signo cada: 3 semanas/un mes
Completa su órbita en: 10/12 meses

Domicilio: Tauro y Libra
Exilio: Escorpio y Aries
Exaltación: Piscis
Caída: Virgo

Venus en cada signo

VENUS EN ARIES
Las personas con Venus en Aries disfrutan coqueteando y el período inicial en una relación de la «conquista amorosa», pero es difícil que mantengan su interés en el tiempo. Son pasionales e impulsivos y pueden resultar algo desconsiderados emocionalmente.

VENUS EN TAURO
Las personas con Venus en Tauro se caracterizan por necesitar seguridad en sus relaciones. Son tranquilas y amorosas, pero también buscan racionalmente a un compañero que no les dé muchos quebraderos de cabeza, se deje mimar y las mime con atenciones.

VENUS EN GÉMINIS
Las personas con Venus en Géminis se caracterizan por ser algo cambiantes en lo sentimental y por tener atracciones muy fuertes con personas que les parecen interesantes a nivel intelectual o mental. Les cuesta romper o tomar decisiones drásticas.

VENUS EN CÁNCER

Las personas con Venus en Cáncer se caracterizan por su sensibilidad. Pueden caer en la tendencia de relacionarse amorosamente con personas que necesitan «protección o cuidados» más que por atracción mutua.

VENUS EN LEO

La persona con Venus en Leo puede ser muy cariñosa y entregada, pero también necesitará, como mínimo, que su pareja también lo sea, si no perderá el interés fácilmente. Suelen mostrarse con seguridad y disfrutan con el ligoteo.

VENUS EN VIRGO

Las personas con Venus en Virgo pueden tender a racionalizar sus sentimientos y no dejarse llevar por impulsos amorosos o pasiones descontroladas. Necesitan seguridad, pero son muy exigentes, por lo que pueden tender a estar solos.

VENUS EN LIBRA

La persona con Venus en Libra tenderá a buscar la armonía en sus relaciones por encima de todo, lo que la puede llevar a no expresar sus sentimientos abiertamente por miedo a generar un conflicto.

VENUS EN ESCORPIO

La persona con Venus en Escorpio vivirá amores y odios muy intensos, y tiende a sentirse herida o decepcionada con facilidad, pero también fascinada e interesada por personas magnéticas. Pueden aparecer celos o luchas de poder.

VENUS EN SAGITARIO

La persona con Venus en Sagitario tenderá a ser una persona independiente que no quiere someterse a ataduras de ningún tipo, se verá atraída fácilmente por personas extranjeras o filosóficas que también sean muy independientes.

VENUS EN CAPRICORNIO

La persona con Venus en Capricornio puede ser cerrada emocionalmente; por un lado no se junta con cualquiera, necesita su espacio, por otro demanda mucha intensidad en una relación, atenciones y cuidados.

VENUS EN ACUARIO

La persona con Venus en Acuario huirá de ataduras, se sentirá atraída por personas poco convencionales, geniales y extravagantes, con las que podrá establecer una estrecha unión. No es nada celosa (si la Luna no lo contradice).

VENUS EN PISCIS

La persona con Venus en Piscis será tierna y entregada, muy idealista, enamoradiza y dulce. Suele idealizar a sus parejas y por ello será propensa a decepciones y puede costarle poner límites, lo que deberá aprender a hacer.

✳ Marte ✳

Marte es el dios romano de la guerra. Su equivalente griego es Ares. Marte rige fundamentalmente la violencia y el impulso sexual. El signo de Aries determinará cómo afrontamos una situación de conflicto, pero también cómo nos desenvolvemos sexualmente. Si naciste en Marte retrógrado, alternarás períodos de ser muy activo con otros de mayor agotamiento.

Retrograda: 2 veces cada 3 años
Cambia de signo cada: 2 meses aproximadamente
Completa su órbita en: 2 años aproximadamente

Domicilio: Aries y Escorpio
Exilio: Libra y Tauro
Exaltación: Capricornio
Caída: Cáncer

♂ Marte en cada signo ♂

MARTE EN ARIES
No diremos que la persona con Marte en Aries es violenta de por sí, pero sí que es impulsiva, activa y con mucha energía. No les asusta dar el primer paso en una relación, pero no suelen mantener el interés por mucho tiempo. En lo sexual serán fogosos y apasionados.

MARTE EN TAURO
La persona con Marte en Tauro, si otros planetas no lo contradicen, será una persona tranquila, que evitará los conflictos; sus decisiones serán muy meditadas, serán constantes si se proponen algo. En lo sexual serán bastante convencionales.

MARTE EN GÉMINIS
La característica principal de una persona con Marte en Géminis es la curiosidad: serán personas a las que en el terreno sexual les guste experimentar, jugar... También tendrá mucha importancia la comunicación con su pareja; tiene que saltar la chispa a nivel intelectual.

MARTE EN CÁNCER

A las personas con Marte en Cáncer les pasa lo mismo tanto a la hora de afrontar un problema o discutir como de comenzar una relación: les cuesta separar lo emocional de lo racional o físico, sus decisiones en cualquier ámbito están guiadas por el corazón.

MARTE EN LEO

Las personas con Marte en Leo pueden ser muy atractivas, atrevidas, divertidas e impulsivas. Les gusta ser adoradas y reconocidas, pero pueden ser bastante orgullosas. En lo sexual son muy pasionales y afectuosas al mismo tiempo.

MARTE EN VIRGO

Para tomar cualquier decisión pueden sobreanalizar todo un poco. Pueden mostrarse algo tímidos tanto en lo amoroso como en lo físico. Necesitan garantías y mucha confianza para empezar a soltarse y disfrutar.

MARTE EN LIBRA

La persona con Marte en Libra buscará personas que le hagan sentir muy equilibrada, que sean refinadas y no muy intensas. Rehúye el conflicto, por lo que puede no ser del todo sincera con sus intenciones o necesidades.

MARTE EN ESCORPIO

La persona con Marte en Escorpio será muy sexual, atractiva y fogosa, misteriosa, con mucho carisma y levantará grandes pasiones. Suelen mostrarse como personas seguras que eligen sus parejas, son determinadas y emocionales.

MARTE EN SAGITARIO

Las personas con Marte en Sagitario buscan relaciones inspiradoras, son curiosas y quieren vivir lo más libremente posible. También son muy directas y algo impulsivas. No suelen buscar comprometerse.

MARTE EN CAPRICORNIO

Los Marte en Capricornio son personas seguras, fuertes e independientes, pero una vez comprometidas necesitan mucha atención, temen ser rechazadas y tienen mucho sentido del ridículo, son tradicionales y determinadas.

MARTE EN ACUARIO

Las personas con Marte en Acuario son originales y carismáticas, les atrae lo raro o diferente y su conducta es bastante peculiar. En las relaciones son muy imprevisibles, les gusta divertirse pero no se comprometen a lo loco.

MARTE EN PISCIS

De manera similar a lo que ocurre con Marte en Cáncer, los Marte en Piscis mezclan corazón y razón con frecuencia, son soñadores y les atraen las personas místicas o profundas. Lo emocional y lo sexual van de la mano en su caso.

Júpiter

Júpiter es el dios romano equivalente a Zeus. El planeta Júpiter representa la sociabilidad, cómo nos relacionamos con los demás, expandimos nuestros horizontes, la persona en su contexto. Por lo general, todas las personas nacidas en el mismo año tienen el mismo Júpiter natal. La casa donde se encuentre nos dice en qué ámbitos buscaremos expandirnos; los aspectos, qué cosas dotan de significado la vida.

Retrograda: no todos los años (la retrogradación dura casi 4 meses)
Cambia de signo cada: año aproximadamente
Completa su órbita en: 12 años

Domicilio: Sagitario y Piscis
Exaltación: Cáncer
Exilio: Géminis y Virgo
Caída: Capricornio

Júpiter en cada signo

JÚPITER EN ARIES
Con confianza en sí mismos, valientes, audaces muy dispuestos a salir adelante, impacientes en salir al mundo y conocer y descubrir quiénes son.

JÚPITER EN TAURO
Las personas con Júpiter en Tauro buscarán encontrar la estabilidad, a través de lo material pero también de lo mental o intelectual. Sus valores tenderán más a ser conservadores. Disfrutar de lo sensorial es muy importante para ellos.

JÚPITER EN GÉMINIS
Para las personas con Júpiter en Géminis será importante adquirir conocimientos y compartirlos, la comunicación será una cuestión clave, al igual que la curiosidad.

JÚPITER EN CÁNCER

Las personas nacidas con Júpiter en Cáncer destacan por relacionarse con el mundo de una manera sensible y compasiva, con valores centrados en la tradición.

JÚPITER EN LEO

Para las personas con Júpiter en Leo es fundamental el reconocimiento personal. Tendrán unas creencias seguras que expresarán con mucha fuerza, pero suelen depender de la opinión de los demás.

JÚPITER EN VIRGO

Para las personas con Júpiter en Virgo, además de ser detallistas, analíticos y meticulosos, es importante dar un servicio a los demás, ser útiles y contribuir en el bienestar del conjunto.

JÚPITER EN LIBRA

Las personas con Júpiter en Libra buscarán la armonía y la justicia, pero no será de forma brusca y violenta, sino a través de la reforma y la sensibilidad. Esta sensibilidad puede llevarlos a ser indecisos y no crear procesos reales.

JÚPITER EN ESCORPIO

Las personas con Júpiter en Escorpio buscan la relación a través del cambio y la transformación profundas. Interesados en lo oculto y lo tabú. Sufrirán un proceso vital de transformación profunda.

JÚPITER EN SAGITARIO

Para las personas con Júpiter en Sagitario, la expansión, el intercambio de ideas, el intercambio cultural, los viajes tanto físicos como filosóficos y mentales conformarán su identidad social.

JÚPITER EN CAPRICORNIO

Para las personas con Júpiter en Capricornio será importante la posición en la sociedad, el estatus y el éxito. Serán constantes investigadores que se esforzarán en formarse hasta conseguir una identidad propia muy definida.

JÚPITER EN ACUARIO

Las personas con Júpiter en Acuario tendrán carácter revolucionario, marcarán un hito en su generación. Necesitan distinguirse de los demás, pero en un rol que beneficie a la mayoría. La tolerancia será clave.

JÚPITER EN PISCIS

Las personas con Júpiter en Piscis se caracterizan por una sensibilidad social y una empatía que las puede llevar a involucrarse en procesos sociales y humanitarios. Además, tienen una visión muy personal e idealista del mundo.

Saturno

Saturno es uno de los primeros dioses, se relaciona con el paso del tiempo, es el padre de Zeus y otros dioses principales. El planeta Saturno, como Júpiter, es un planeta social, rige la responsabilidad, la constancia y la madurez. Tarda en recorrer su órbita 29,5 años. Se llama «retorno de Saturno» al momento de la vida en el que Saturno vuelve al punto en el que estaba cuando nacimos. Es un punto de introspección y de establecimiento de objetivos para los próximos años, así como para ver dónde estamos en ese punto. Cambia de signo cada dos años y medio aproximadamente.

Retrograda: 3 veces al año

Domicilio: Capricornio
y Acuario
Exaltación: Libra
Exilio: Cáncer y Leo
Caída: Aries

Saturno en cada signo

SATURNO EN ARIES
Las personas con Saturno en Aries pueden tender a madurar tarde, deberán aprender a desarrollar la paciencia y la responsabilidad, podrán tener dificultades para acatar órdenes.

SATURNO EN TAURO
Al contrario que Saturno en Aries, los Saturno en Tauro tenderán a ser conservadores, maduros desde una temprana edad, algo materialistas y ahorradores. Pueden tender a acaparar recursos y posesiones, a ser algo avariciosos.

SATURNO EN GÉMINIS
Las personas con Saturno en Géminis valorarán mucho el derecho a expresar lo que piensan; sus miedos guardarán relación con tener que reprimirse o no poder expresarse libremente.

SATURNO EN CÁNCER

Las personas con Saturno en Cáncer tenderán a ser más introspectivas y emocionales. Podrán sufrir por ser tímidas o no conseguir expresar lo que sienten.

SATURNO EN LEO

Las personas con Saturno en Leo a pesar de ser sociables podrán sufrir problemas de autoestima si no consiguen crear un impacto o una relevancia real en su campo de trabajo o en la sociedad.

SATURNO EN VIRGO

La persona con Saturno en Virgo se caracterizará por tener una necesidad de control sobre todo lo que la rodea; si no está satisfecha puede ser demasiado controladora o perfeccionista, perderse en los detalles.

SATURNO EN LIBRA

La persona con Saturno en Libra buscará más lo colectivo que el individualismo, será considerada, pero la indecisión puede llevarla a no concretar sus objetivos y sentirse insatisfecha. Buscará la relevancia.

SATURNO EN ESCORPIO

La persona con esta posición en Escorpio tendrá en general problemas con los apegos: tanto en lo material como en lo emocional, se sentirá insegura y tenderá a ser avara.

SATURNO EN SAGITARIO

La persona con Saturno en Sagitario necesita salir de su zona de confort y si no se siente realizada en este sentido tenderá a sentirse prisionera y estancada en la rutina y las obligaciones.

SATURNO EN CAPRICORNIO

Las personas con Saturno en Capricornio son tan ambiciosas que pueden caer en ser desmedidas y despiadadas para conseguir el éxito.

SATURNO EN ACUARIO

Las personas con Saturno en Acuario pueden sentirse diferentes o raras y eso influirá en que desarrollen miedo a sentirse excluidas o solas.

SATURNO EN PISCIS

Para las personas con Saturno en Piscis el mayor riesgo es olvidarse de sí mismas por los demás y pueden ser inseguras y miedosas. Les asusta la soledad y no sentirse queridas.

Urano

Urano en la mitología era uno de los titanes primordiales, personificaba el cielo y era el esposo de Gea. En astrología es uno de los planetas transpersonales o generacionales. Rige todo lo relativo a rebeldía, innovación, avances científicos y culturales, la originalidad y la ruptura con lo viejo o tradicional. La casa de Urano en nuestra carta habla de en qué sector de nuestra vida seremos más creativos o rebeldes. Los planetas que formen aspectos con Urano darán un plus de rebeldía a ese factor de la personalidad.

Domicilio: Acuario
Exaltación: Escorpio
Exilio: Leo
Caída: Tauro

Cuando Urano retrograda, podemos sentir la necesidad de revisar en qué temas estamos estancados, cómo podemos contribuir de manera efectiva al bien común... Durará unos cuatro meses, así que disponemos de tiempo para revisar y una vez que arranque directo, cambiar actitudes que ya no nos sirven.

Urano en cada signo

URANO EN ARIES
Urano en Aries nos habla de personas arriesgadas, dispuestas a las aventuras, los cambios y entusiastas por naturaleza. También nos hablará de períodos en los que los acontecimientos se suceden de manera apresurada e irreflexiva.

URANO EN TAURO
Urano en Tauro es una posición que nos habla de la manera de buscar lo material, los recursos económicos. La innovación se enfoca como herramienta para encontrar la estabilidad económica y la tranquilidad.

URANO EN GÉMINIS
Urano en Géminis nos habla de muchas ganas de investigar para encontrar maneras innovadoras, pero más enfocado a abrir muchas posibles ventanas; no profundiza en un solo tema, abre muchas vías nuevas. Otros profundizarán.

URANO EN CÁNCER
Urano en Cáncer nos habla de un desequilibrio en nuestro mundo interior, en nuestras emociones, que nos invita a reinventarnos y encontrar el equilibrio emocional de una forma diferente a la que estamos acostumbrados.

URANO EN LEO
Urano en Leo nos habla de una búsqueda libre, original y genuina (puede también que algo egoísta) de nosotros mismos. Las personas con Urano en Leo desean ser libres y genuinamente ellas mismas.

URANO EN VIRGO
Urano en Virgo nos habla de innovación en el trabajo, investigación tanto en áreas nuevas del saber como en métodos para ser más eficaces y productivos en lo laboral.

URANO EN LIBRA
Urano en Libra abarca dos temas fundamentalmente: por un lado, independencia sentimental, la búsqueda del equilibrio en solitario, y por otro, innovación en leyes y justicia.

URANO EN ESCORPIO
Urano en Escorpio nos habla de cambios mentales y emocionales muy profundos y transformadores. Cambios drásticos en religión, dogmas o espiritualidad.

URANO EN SAGITARIO
Urano en Sagitario nos habla de la ruptura de fronteras, nuevas filosofías y apertura de ideas. Rechazo a lo cerrado y antiguo, necesidad de libertad, a través de la cual se alcanzará una transformación profunda.

URANO EN CAPRICORNIO
Con Urano en Capricornio se cuestionarán las estructuras de poder, las normas sociales y económicas. Las luchas de poder, los cambios sociales y profesionales son temas clave con esta posición.

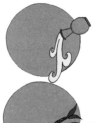
URANO EN ACUARIO
Acuario se encuentra en su domicilio en Urano. El idealismo y las acciones en grupo se verán beneficiados, y flaqueará más en los esfuerzos individuales. Progresistas y con la mente abierta, miran hacia el futuro.

URANO EN PISCIS
Con Urano en Piscis, en el impulso creativo, en el subconsciente nacerá la semilla de los cambios. De manera intuitiva, las ideas irán surgiendo sin concretarse, todo lo artístico y espiritual estará favorecido.

Neptuno

Neptuno en la mitología romana era el dios de los mares, el equivalente griego sería Poseidón. Neptuno rige todo lo relacionado con el subconsciente, lo intuitivo, lo artístico y lo onírico. También tiene relación con la empatía, la unión espiritual y en cierta medida con la evasión de la realidad. Neptuno está aproximadamente unos quince años en cada signo del Zodíaco, por lo que afecta a una generación entera. La casa de Neptuno nos habla de en qué áreas nos podemos encontrar confusos y los aspectos con Neptuno nos dan mayor intuición en las áreas que dominan esos planetas.

Domicilio: Piscis
Exaltación: Cáncer
Exilio: Virgo
Caída: Capricornio

Neptuno en ocasiones también se relaciona con la droga o el abuso de sustancias por esa necesidad de evasión de la realidad de la que hablábamos antes.

Neptuno en cada signo

NEPTUNO EN ARIES
La creatividad y la imaginación de Aries se rigen por impulsos, por brotes repentinos de inspiración. Si la confrontación entre su realidad y su imaginación es muy violenta, se resistirán con fuerza.

NEPTUNO EN TAURO
La inspiración y los ideales se encuentran en lo cotidiano, la rutina y la seguridad con Neptuno en Tauro. Poderoso sentido de la intuición con los demás, intuición enfocada a necesidades materiales.

NEPTUNO EN GÉMINIS
Neptuno en Géminis se manifiesta como una intuición intelectualizada, la creatividad se muestra como abierta y dispuesta al diálogo y la cooperación.

NEPTUNO EN CÁNCER

Con Neptuno en Cáncer se manifiesta una sensibilidad extrema pero que busca intuitivamente la seguridad y el hogar. Prolíficos en lo artístico, miedosos cuando se trata de enfrentarse a la cruda realidad.

NEPTUNO EN LEO

Neptuno en Leo es una posición que favorece una intuición activa, enfocada, que busca el impulso creativo abierto y el efecto en las demás personas. Favorece la materialización de las ideas.

NEPTUNO EN VIRGO

Con Neptuno en Virgo puede encontrarse una cierta oposición a los sueños, la inspiración y lo artístico, por una cierta necesidad de racionalizar y clasificar las emociones.

NEPTUNO EN LIBRA

Con Neptuno en Libra, la máxima expresión de lo artístico entendida como proporción y belleza se materializa. El idealismo se plasma con justicia, equilibrio y armonía.

NEPTUNO EN ESCORPIO

Neptuno en Escorpio ahonda en la psique humana. La creatividad se manifiesta como desordenada y caótica, intensa pero con gran capacidad para explorar verdades fundamentales de la existencia.

NEPTUNO EN SAGITARIO

Con Neptuno en Sagitario el interés reside en la búsqueda espiritual, la búsqueda de respuestas pero en un sentido mucho más *chill* y hippy que Escorpio. La inspiración se encuentra en el mundo.

NEPTUNO EN CAPRICORNIO

Mucha capacidad creativa, pero enfocada y dirigida a obtener un objetivo, bien sea este objetivo prosperidad económica, éxito social o productividad en algún campo.

NEPTUNO EN ACUARIO

Neptuno en Acuario enfoca la creatividad de manera individualista, pero con intención de repercutir en la sociedad o algún colectivo. La innovación artística y espiritual son sus temas fuertes.

NEPTUNO EN PISCIS

Aunque Piscis se encuentra exaltado en Neptuno, tanta ambigüedad, tanta confusión, aunque refuerzan el carácter creativo, debilitan la intención de materialización. Peligro de idealización y alejamiento de lo real.

Plutón

Plutón en la mitología romana es el dios del inframundo, su equivalente griego es Hades. El planeta Plutón nos habla de los temas más profundos: la vida, la muerte, la transformación, la liberación, el cerrar ciclos, la angustia, el sexo y los tabúes, lo prohibido y lo que nos asusta a nivel más profundo. La casa en la que se encuentre Plutón nos hablará de en qué ámbito tenemos mayor miedo al cambio. Los aspectos con Plutón darán a la persona el reto de integrar en su vida cuestiones que al principio le podrán resultar difíciles.

Domicilio: Escorpio
Exaltación: Piscis
Exilio: Tauro
Caída: Virgo

Plutón en cada signo

PLUTÓN EN ARIES

Con Plutón en Aries, el deseo de cambio se manifestará de manera impulsiva, visceral, radical e incluso irreflexiva y violenta. Falta de determinación para acabar lo empezado.

PLUTÓN EN TAURO

Con Plutón en el estable signo Tauro, existirá un miedo a perder esta estabilidad, tanto a nivel material y económico como emocional, y una cierta dificultad de adaptación al cambio.

PLUTÓN EN GÉMINIS

Con Plutón en Géminis existirá una necesidad radical de investigar en muchos ámbitos, expresarse y compartir con los demás todo lo que somos. Gran necesidad de apertura, problemas con la introspección o períodos de soledad.

PLUTÓN EN CÁNCER
Con Plutón en Cáncer se plantea una dicotomía: por un lado existe una fuerte conexión con lo conocido (el pueblo, la familia, la madre), pero por otro, todos estos aspectos familiares serán motivo de confrontación.

PLUTÓN EN LEO
Plutón en Leo nos da individuos con una fuerte capacidad de atracción, magnetismo personal, carisma y ganas de luchar, pero en su contra tienen un individualismo y una competitividad feroz que pueden jugar en su contra.

PLUTÓN EN VIRGO
Con Plutón en Virgo puede que la obsesión por los detalles sea tal que se pierda la perspectiva de las cosas, la «visión grande». Pueden existir transformaciones muy profundas en el ámbito laboral.

PLUTÓN EN LIBRA
Plutón en Libra produce un deseo de perfección que puede llevar a intentar cambiar a personas o situaciones en vez de aceptarlas y seguir adelante, lo que puede causar un gran desequilibrio.

PLUTÓN EN ESCORPIO
Con Plutón en Escorpio las transformaciones serán dolorosas, profundas y necesarias. De la muerte surgirá una nueva vida, como el ave Fénix. Grandes investigadores de temas prohibidos.

PLUTÓN EN SAGITARIO
Con Plutón en Sagitario la necesidad fundamental será la de descubrir y conocer nuevas ideas, valores y creencias, buscándolas muchas veces en el extranjero. Esta búsqueda será fundamental para su desarrollo.

PLUTÓN EN CAPRICORNIO
La determinación por conseguir mejoras y objetivos, así como el materialismo (en su vertiente más positiva pero también negativa), caracterizará a los nativos de Plutón en Capricornio.

PLUTÓN EN ACUARIO
A través de la rebeldía y la originalidad, los nacidos con Plutón en Acuario derribarán las estructuras más arcaicas, rígidas y convencionales. Grandes revoluciones y luchas sociales.

PLUTÓN EN PISCIS
El Plutón más conectado con la magia y el misticismo, con permiso de Plutón en Escorpio, sería el que transita por Piscis. Gran sentido de la empatía, ensoñación e idealismo.

El ascendente

(+ el descendente)

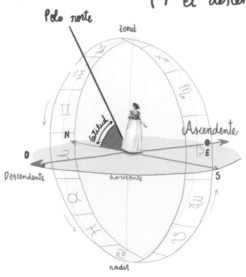

El ascendente es, junto con el Sol y la Luna, la posición más importante de nuestra carta astral. Se trata de un punto geométrico que podemos entender bien mirando este dibujo: el ascendente es la intersección entre la línea del horizonte y la rueda zodiacal. El signo donde se encuentra el ascendente cambia en cuestión de minutos, por lo que para conocerlo será importantísimo conocer la hora exacta del nacimiento de la persona. Mientras que el Sol nos habla de la energía de la que disponemos al nacer, y la Luna de nuestro mundo interior, el ascendente nos habla de la energía que aunque está en nosotros, debemos ir descubriendo a lo largo de nuestra vida, por las experiencias que vivamos y personas que conozcamos. También juega un papel fundamental en cómo nos perciben los demás. Cuanto más nos conozcamos a nosotros mismos, más conscientes seremos de las características del ascendente. ¿Te han dicho alguna vez, por ejemplo, que eres muy dulce y tú consideras que, por el contrario, tienes mucho carácter? Puede ser que tu Sol o Marte estén en un signo de fuego (recordemos que el Sol habla de la energía básica y Marte, entre otras cosas, del impulso y la violencia) y tengas un ascendente en agua que te hace parecer más dulce y tímido de lo que eres en realidad. También es frecuente que sientas atracción por personas que tengan el Sol en el signo de tu ascendente: la energía que te atrae ya está en ti, pero como aún no sabes muy bien cómo manifestarla (algo propio del ascendente) te vas atraído por personas que ya la tienen de manera natural. Vamos a ver qué características daría el ascendente a cada signo. Es descendente será el punto opuesto, el signo contrario, y nos hablará de la energía que necesitaremos integrar, aprender a lo largo de la vida para desarrollarnos plenamente.

El ascendente en cada signo

Asc

El ascendente Aries nos dará personas sociables, dispuestas, con mucho genio, algo impacientes y nerviosas. El descendente Libra nos señala que esta persona necesitará aprender a ser más equilibrada y a buscar la armonía en sus relaciones.

Asc

El ascendente Tauro nos dará a una persona de apariencia tranquila y mansa, seguramente mucho más de lo que se sienta en su interior. Cariñoso. El descendente Escorpio nos da la lección de aprender a dejar ir y perdonar.

Asc

El ascendente Géminis nos habla de una persona inquieta, habladora y algo dispersa. Disfruta de la buena conversación. El descendente Sagitario nos muestra la necesidad de aprender a indagar en el significado de las cosas.

Asc

El ascendente Cáncer hace que la persona se muestre como cariñosa pero reservada, sensible pero irascible, algo difícil de entender para los demás. El descendente Capricornio nos muestra la necesidad de ser más racionales y pragmáticos.

Asc

El ascendente Leo nos habla de una persona desenvuelta, carismática, aunque no se perciba esta como tal. El descendente Acuario nos muestra la importancia de poner el foco en lo colectivo, rechazar el individualismo.

Asc

El ascendente Virgo aporta una apariencia reservada y adusta, que suele aproximarse a personas organizadas y calmadas. Es descendente Piscis nos señala el valor de la sensibilidad, la emoción y la empatía.

Asc

El ascendente Libra hace que la persona busque la armonía en sus relaciones y en su ambiente, a veces, de manera inconsciente. El descendente Aries nos señala el valor expresar sin miedo nuestra opinión y nuestros límites.

Asc

El ascendente Escorpio hace que la persona parezca algo misteriosa e intrigante. El descendente Tauro muestra la necesidad de reconciliarnos con la incertidumbre, no caer en el materialismo y el utilitarismo en nuestras relaciones.

Asc

El ascendente Sagitario nos habla de personas atraídas por la aventura, de apariencia despreocupada e incluso algo caótica. El descendente Géminis anima a sus nativos a no caer en fanatismos y cultivar la tolerancia.

Asc

El ascendente Capricornio parece más serio, maduro y disciplinado de lo que seguramente es, le atraen las personas formales, tradicionales. El descendente Cáncer invita a ponerse en contacto con el lado sensible y a enfatizar el hogar.

Asc

El ascendente Acuario hace que una persona original parezca algo loca o excéntrica y se vea atraída por individuos con estas cualidades. El descendente Leo demanda de estos nativos dejar a un lado el egocentrismo y equilibrar lo personal y lo social.

Asc

El ascendente Piscis hará que la persona sea dulce, algo tímida y despistada. De lágrima fácil, sensible a la energía de su alrededor. Implica un descendente Virgo; la persona necesitará orden, disciplina y pautas para desarrollar plenamente su potencial.

El medio cielo

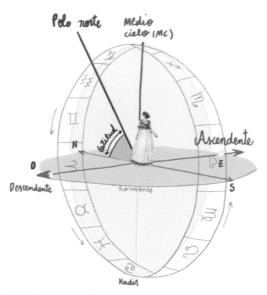

El medio cielo es el punto más alto de nuestra carta astral tal como se ve en el dibujo de esta página, se relaciona con la casa 10 (tu signo del medio cielo es el que se encontraba en esa casa en el momento de tu nacimiento). El medio cielo nos da información sobre nuestro potencial y aspiraciones, que podemos desarrollar según nuestras circunstancias y nivel de consciencia. Es decir, el medio cielo nos dice qué camino puede ser más conveniente seguir para desarrollarnos al máximo y cumplir nuestras metas, sobre todo a nivel profesional.
No es que el medio cielo nos diga «Mira, Mari, tienes que ser ingeniera», sino más bien nos da nociones de en qué áreas o con qué planteamientos podemos enfocarnos. Además, la información que nos da el medio cielo puede no referirse exclusivamente a nuestro desarrollo profesional, sino también en un sentido más espiritual o planteamiento vital general (necesidad de salir al extranjero, intercambios culturales o bien centrarnos más en crear un hogar o establecernos en un lugar más familiar). La vocación del medio cielo tendrá que desarrollarse en común, es decir, en la sociedad y gracias al contacto con los demás. Los aspectos con el medio cielo pueden favorecer, acelerar, retrasar o dificultar su desarrollo, dependiendo de si son positivos o más condicionantes. Veremos qué son los aspectos en el último capítulo, después de ver qué significa cada casa, y por fin podremos entender cómo se interpreta la carta astral.
Si tu Sol y tu medio cielo coinciden, no tendrás problema para encontrar tu propósito, fluirá de manera natural.

El medio cielo en cada signo

El medio cielo en Aries nos habla de posiciones de liderazgo, emprendimiento, amor por el riesgo y la aventura. El camino de la persona líder que abre un nuevo camino. Atención al deporte y la actividad física.

El medio cielo en Tauro nos habla de la relación con la tierra, la tradición, la artesanía, la conservación del patrimonio, la sensibilidad con las personas, sobre todo mayores y niños.

El medio cielo en Géminis nos habla de la persona enfocada a comunicación, publicidad, relaciones públicas, periodismo... o si no, el énfasis en relacionarse con todo tipo de personas y la discusión de ideas.

El medio cielo en Cáncer nos habla de la vocación de ayudar a los demás de manera sensible y empática. Relación con la medicina, la psicología o en general la ayuda desinteresada a los más desfavorecidos y también a los amigos y familiares.

El medio cielo en Leo nos habla del emprendimiento y el liderazgo, pero más enfocado a la política o cuestiones que tengan que ver con el carisma más que con el trabajo o el riesgo.

El medio cielo en Virgo nos habla de una persona que suele encontrar un tema concreto que le apasiona y al que dedica muchos de sus esfuerzos en profundizar e investigar meticulosamente. Expertos.

El medio cielo en Libra nos habla del propósito de encontrar el equilibrio, la justicia, la armonía y la igualdad, sobre todo en nuestras relaciones, pero también puede relacionarse con profesiones del ámbito legal (jueces, abogados...).

El medio cielo en Escorpio nos habla de investigadores incansables e incluso obsesivos, que como propósito tendrán la maestría en algún arte o área de investigación. La psiquiatría, historia, arqueología, esoterismo o religión son temas relevantes.

El medio cielo en Sagitario muestra la necesidad de la persona de salir de su lugar de origen y ver mundo, investigar filosofías extranjeras, casarse con un extranjero o bien simplemente abrirse a la gente en general.

El medio cielo en Capricornio está indudablemente relacionado con la profesión, o por lo menos con la organización y la gestión de recursos. La resolución de problemas y los asuntos económicos en general tienen que ver con este M.C. Muy enfocados en su carrera.

El medio cielo en Acuario nos habla de personas completamente innovadoras, algo locas o excéntricas, pero que sin duda serán excelentes profesores y despertarán el interés de sus alumnos.

El medio cielo en Piscis nos habla de personas enfocadas en lo artístico y psicológico. Su inquietud fundamental será indagar en lo sensible y oculto, buscando siempre lo espiritual y lidiar con cuestiones emocionales propias y ajenas.

Quirón y otros cuerpos celestes ♀

En la mitología griega Quirón era un centauro culto, considerado y elegante, al contrario que los demás centauros, que eran brutos e insensibles. Quirón es un planetoide descubierto en 1977, por lo que es una incorporación muy reciente a la astrología. Tanto Quirón como los asteroides Palas, Ceres, Vesta y Juno nos hablan de cualidades parciales que matizan el significado y las implicaciones del resto de los planetas y los aspectos.

Quirón: Nos habla de todo aquello que nos causa inseguridades o dolor y hay que sanar. Representa dónde están nuestras heridas espirituales y dónde debemos centrar el esfuerzo en curar para poder ayudar a los demás y sobre todo a nosotros mismos.

Ceres: Diosa de la agricultura, en astrología nos habla de los procesos cortos, el día a día, lo cotidiano, cómo gestionamos los recursos.

Palas: Palas Atenea era la diosa griega de la estrategia, la castidad y la razón. En astrología nos habla de la capacidad creativa y la solución de problemas.

Vesta: Diosa del hogar. Relacionada con la creatividad sexual, el sentimiento de hogar en las relaciones.

Juno: Diosa romana del matrimonio. Relacionada con el compromiso, los celos y la lealtad.

❋ Quirón en cada signo ❋

Inseguridad. Miedo a tomar la iniciativa. Complejos físicos.

Miedo a no tener dinero o recursos. Duda de las propias capacidades.

Miedo a no ser entendido, no confiar en las ideas propias.

Miedo a no pertenecer y no sentirse querido y valorado.

Miedo al ridículo, a parecer raro o no tener amigos.

Tendencia a organizar asuntos ajenos, descuidar los propios.

Miedo al compromiso, la proximidad y salir herido.

Miedo al abandono o la pérdida, soledad. Se sienten diferentes.

Dilemas existenciales, miedo a no encontrar sentido a la vida.

Insatisfacción en lo social y económico.

Se deja llevar por los demás, falta de criterio propio.

Falta de seguridad y miedo al abandono. Dependencia emocional.

Ceres en cada signo

Personas independientes, resolutivas y autónomas.

Necesidad de proteger, cuidar y mimar a los demás.

Cultivar la mente, leer; aprender es fundamental.

Necesidad de recibir y dar amor, inseguridad.

Mucha autoestima, motiva a los demás.

Personas pulcras, ordenadas y eficaces.

Buen coordinador y organizador de grupos.

Invita a los demás a profundizar e investigar.

Enseña a los demás a abrirse y aprender de otros.

Persona que aporta seguridad y confianza.

Enseña a querer sin apegos tóxicos.

Alivia el sufrimiento emocional y da apoyo.

Palas en cada signo

Impulsivo, rápido, eficaz pero temerario.

Paciente, busca soluciones a largo plazo, tranquilo.

Versátil, ayuda a los demás a que resuelvan los problemas solos.

Centrado en la comodidad familiar, apoyo emocional.

Necesita llevar la iniciativa y ser obedecido.

Centrados en estrategias minuciosas.

Busca soluciones justas e imparciales. Duda mucho.

Habilidoso en resolver misterios, descubrir lo oculto.

Busca indagar en lo filosófico y compartir ese conocimiento.

Perseverante y disciplinado hasta encontrar la mejor salida.

Buscador de soluciones utópicas y experimentales.

Soluciones intuitivas a problemas subjetivos.

Juno en cada signo

Busca una
pareja enérgica
con carácter
y decisión.

Busca a
alguien que
le transmita
calor
y estabilidad.

Se ve atraído
por las mentes
inquietas,
la inteligencia.

Aprecia
los valores
tradicionales
y la estabilidad.

Busca una
pareja
apasionada
y que lo adore.

Busca una
pareja estable
y confiable.

Busca a
alguien
equilibrado y
armonioso, bello.

Busca a alguien
con profundidad
emocional,
intenso.

Busca a alguien
optimista, alegre
y aventurero.

Busca a alguien
que le brinde
estabilidad.

Su pareja
ideal es
independiente
y original.

Su pareja
ideal es
sensible
e idealista.

Vesta en cada signo

Dinámico,
contrario
a la rutina.

Esfuerzos
continuados
y estables.

Ideas rápidas,
lluvia de ideas,
multitareas.

Procesos
mimosos y
emocionales.

Bueno en
grupos
liderando
y en solitario.

Meticuloso,
procesos
rigurosos.

Busca
la perfección
en belleza
y armonía.

Trabajo íntimo,
profundo
y radical.

Búsqueda
filosófica de
la verdad,
intransigente.

Compromiso,
entrega,
exigencia
y ambición.

Proceso libre
y creativo,
algo caótico.

Intuitivo,
fantasioso
e imaginativo.

5. Las casas

Las casas en astrología son las áreas de la vida en las que intervienen los planetas. Para que sea fácil de entender, diremos que son doce gajitos de la circunferencia.

La casa 1 se sitúa donde está el ascendente, y desde esta posición parten el resto de las casas. Vamos a ver a continuación qué significa cada casa y en el siguiente capítulo por fin uniremos todos los conceptos que hemos visto (signos, casas, planetas...) para entender nuestra carta astral y cómo se relacionan unas cosas con otras.

Por ahora, veremos qué cuestiones se ven representadas en cada casa. Partimos de la casa 1, que tiene que ver con nuestro sentido de identidad, y vamos ascendiendo hasta llegar a la más espiritual, la casa 12, pasando por nuestro lugar en la sociedad, amigos, relaciones amorosas... ¡Vamos allá!

La casa 1 se relaciona con el signo de Aries (el primero) y el ascendente. La casa 1 nos habla de nuestro sentido de identidad, autoimagen, la primera impresión.

El ascendente siempre está en la casa 1, a partir de ahí se distribuyen las casas en orden ascendente. Si tenemos algún planeta en la casa 1, tendrá un gran protagonismo en nuestra personalidad, estará muy presente.

Sol en casa 1: Posición muy positiva, da seguridad y carisma al nativo de esta posición, les acompaña la suerte.

Luna en casa 1: El mundo emocional de esta persona será muy rico y tendrá un fuerte impacto en su vida. Puede otorgar cierta timidez o introversión al carácter.

Mercurio en casa 1: El plano intelectual cobra mucho protagonismo.

Venus en casa 1: Personas atractivas y para las que gustar y los juegos del amor son importantes.

Marte en casa 1: Otorga a la persona gran determinación, puede hacerse ver como una persona muy decidida e incluso beligerante.

Saturno en casa 1: Esta posición hace que la persona necesite ser reconocida por la sociedad, pero en las relaciones sociales puede sentirse excluida y cohibida fácilmente.

Júpiter en casa 1: Persona con mucha presencia, destaca de manera fácil entre los demás.

Urano en casa 1: Persona diferente, innovadora y muy peculiar, destinada a introducir algún impacto novedoso en la sociedad.

Neptuno en casa 1: Persona con una gran sensibilidad para lo espiritual o subconsciente.

Plutón en casa 1: Se enfrentará a retos en la vida de naturaleza importante, pero saldrá de ellos victoriosa; capacidad para renacer y reinventarse sin fin.

La casa 2 se relaciona con el signo de Tauro. Esta casa nos habla de nuestros recursos para conseguir nuestros objetivos y metas, tanto a nivel material como intelectual o social. También se refiere a cómo manejamos esos recursos, si somos organizados, dispersos, rácanos..., dependiendo de los planetas que habiten la casa y en qué signo esté. Una carta con una casa 2 muy presente dará una persona muy aferrada a lo material.

Sol en casa 2: Para sentirse realizado necesitará alcanzar un cierto nivel de estabilidad económica y material, aprendiendo a organizarse bien.

Luna en casa 2: Seguridad emocional dada por un cierto nivel de estabilidad económica.

Mercurio en casa 2: Tienen un enfoque práctico y orientado a los negocios.

Venus en casa 2: Suerte en el dinero y los recursos materiales.

Marte en casa 2: personas avariciosas o centradas en lo material, impacientes y materialistas.

Saturno en casa 2: Personas tacañas y algo obsesivas por no quedarse sin dinero.

Júpiter en casa 2: Posición muy buena para el éxito material, les resultará fácil hacerse ricas o ganar mucho dinero.

Urano en casa 2: Posible crisis económica a lo largo de su vida; les costará alcanzar la estabilidad.

Neptuno en casa 2: Personas desapegadas de lo material. Disfrutan compartiendo.

Plutón en casa 2: Pueden tender a acaparar pertenencias, pues les da seguridad.

La casa 3 es la asociada a Géminis. Nos habla de nuestra manera de comunicarnos con las personas más cercanas y sin jerarquía, nuestros iguales: hermanos, amigos cercanos o vecinos. También se asocia con nuestra manera de entablar relaciones superficiales, nuestra facilidad para hacer amigos y qué cosas despiertan nuestra curiosidad y nuestros intereses. Una casa 3 muy potente dará personas cuyas redes cercanas serán importantes: amigos, vecinos, hermanos...

casa 3

Sol en casa 3: Para esta persona será fundamental buscar su sentido del yo a través del conocimiento, la lectura, la sabiduría.

Luna en casa 3: Les resultará sencillo comunicar sus emociones y que los demás les muestren cómo se sienten y qué les preocupa.

Mercurio en casa 3: La casa 3 es la de Géminis, planeta regido por Mercurio, se trata de una buena posición. La comunicación y el aprendizaje serán fáciles para estos nativos.

Venus en casa 3: Facilidad para relacionarse, sobre todo a nivel intelectual. El estímulo mental será imprescindible para entablar una relación amorosa.

Marte en casa 3: La dialéctica será su arma más poderosa.

Saturno en casa 3: Miedo a ser incomprendido, no poder expresar lo que se siente, posibles malentendidos con los demás, deberá esforzarse en aprender a comunicar.

Júpiter en casa 3: La comunicación será un punto fuerte en su vida laboral.

Urano en casa 3: Individuos con gran creatividad, innovadores y originales.

Neptuno en casa 3: Influye en la creatividad en un sentido espiritual, onírico y sensible.

Plutón en casa 3: Descubrir lo oculto y misterioso tendrá gran importancia para estas personas, así como las relaciones fraternales.

La casa 4 es la de Cáncer. En líneas generales, podemos decir que nos habla de la conexión con la familia, con lo tradicional y los valores. También tendrá su reflejo en nuestra edad adulta, en la elección de nuestra pareja, pues la casa 4 nos da idea de en qué tipo de relaciones nos sentimos a gusto, a salvo, y de nuestro concepto de intimidad heredado de nuestra familia. Una casa 4 potente nos habla de la importancia crucial de la familia.

casa 4

Sol en casa 4: Importancia de la familia a la hora de descubrir su propósito, puede ser en el sentido de su herencia familiar, los valores o ancestros, o la familia que él cree en la vida.

Luna en casa 4: Encuentra su refugio en lo conocido, las tradiciones, lo familiar, tanto en un sentido literal como espiritual.

Mercurio en casa 4: Persona más proclive a tener valores conservadores. La tradición es importante para desarrollarse a nivel mental.

Venus en casa 4: Persona que tiende a mostrarse afectuosa en un sentido familiar e intenta ser una figura de confianza y cariño.

Marte en casa 4: Su objetivo ante un conflicto es protegerse y proteger a los suyos.

Saturno en casa 4: Posibles conflictos con las relaciones familiares, necesidad de hacer vida al margen del núcleo familiar.

Júpiter en casa 4: Una muy buena casa para Júpiter. Las personas tienden a sentirse integradas en su familia y darán mucha importancia a estos vínculos.

Urano en casa 4: Puede sentirse algo alienado o distante de su familia, como si fuese un «bicho raro» o no terminara de encajar.

Neptuno en casa 4: La melancolía por la infancia o en el sentido de «toda época pasada fue mejor» puede adueñarse con frecuencia de las personas con esta posición.

Plutón en casa 4: Es frecuente que tengan interés por la genealogía o la herencia familiar, así como por sacar tramas secretas o «trapos sucios» a la luz.

casa 5

La casa 5 es la vinculada a Leo. Nos habla de cómo nos gusta destacar y coquetear. También de qué personas nos atraen, el coqueteo, la diversión, el juego de la conquista amorosa. Asimismo, de la inocencia, del interior, de cómo nos gusta sentirnos valorados y en qué formas mostramos aprecio. Una casa 5 potente (con muchos planetas en ella) nos habla de una persona atractiva o para la cual gustar (en un sentido sensual) es importante.

Sol en casa 5: Buena casa para el Sol, les dará carisma y éxito.
Luna en casa 5: Un poco dependientes de la aprobación de los demás, sobre todo en la juventud, tenderán a vivir de puertas para afuera, descuidando su mundo emocional.
Mercurio en casa 5: Gran capacidad de oratoria, convincentes, carismáticos y apasionados al exponer sus ideas.
Venus en casa 5: Tenderán a buscar compañeros sentimentales que les ofrezcan mucha atención y pueden quedarse en la superficialidad del físico si no están bien aspectados.
Marte en casa 5: Estas personas serán rotundas, pasionales y hasta feroces en una discusión, posición muy poderosa.
Saturno en casa 5: Los mayores miedos pueden estar relacionados con no sentirse reconocido, notar que no es relevante para los demás.
Júpiter en casa 5: Posición muy favorable para sentirse realizado a nivel general y conseguir reconocimiento profesional sin excesivo esfuerzo.
Urano en casa 5: Es una posición algo complicada. Las personas con esta posición pueden tender a sentirse atrapados y algo insatisfechos con su vida.
Neptuno en casa 5: Pueden encontrar dificultades para conciliar la realidad con sus fantasías, sueños y anhelos, y sentirse algo confusos en este sentido.
Plutón en casa 5: Tendencia a mezclar lo prohibido con lo pasional, vivirán pasiones muy importantes a lo largo de su vida.

casa 6

La casa 6 es la vinculada a Virgo. Está asociada a dos aspectos: por un lado las relaciones de subordinación (jefes, empleados, jerarquía...) y por otro, la rutina, el día a día, el trabajo diario, la constancia, la salud, los hábitos saludables, nuestra forma de organizar nuestros tiempos de estudio y trabajo. Los planetas en esta casa nos hablan también de las costumbres que repercuten en nuestra salud.

Sol en casa 6: Será una persona que puede vivir una vida plena, pero si no está bien aspectado, esta puede pecar de monótona o falta de cambios o ambiciones significativas.
Luna en casa 6: Encuentran seguridad y hogar en la rutina, las pequeñas cosas de la vida, el orden y una existencia sin grandes sobresaltos.
Mercurio en casa 6: Tenderán a centrarse en lo objetivo. La organización y la comunicación escrita pueden ser su fuerte.
Venus en casa 6: En los vínculos afectivos buscarán el amor del día a día, las pasiones turbulentas pueden desestabilizarlos mucho.
Marte en casa 6: Muy centrados en el trabajo diario, valoran el esfuerzo y la dedicación.
Saturno en casa 6: Miedo a perder estabilidad y a los imprevistos de la vida.
Júpiter en casa 6: Personas con gran espíritu de sacrificio, especialistas en poner esfuerzo constante para conseguir sus objetivos.
Urano en casa 6: Puede sufrir por falta de paciencia o constancia tanto en sus relaciones como en el ámbito laboral.
Neptuno en casa 6: Personas que se dan a los demás con espíritu de entrega y sacrificio.
Plutón en casa 6: Gran capacidad de resiliencia y tenacidad para salir de los problemas.

La casa 7 es la relacionada con Libra y con el descendente, y nos habla de nuestra manera de relacionarnos, colaborar y comprometernos. Mientras la casa 1 nos informa de nuestro sentido del YO, la casa 7 se ocupa del NOSOTROS. Estas relaciones pueden ser laborales, sentimentales o legales. Además, puede hablarnos de nuestra capacidad de mantener relaciones a largo plazo.

Sol en casa 7: Es una buena posición, las posibilidades de éxito se ven incrementadas a través del contacto con los demás. Son frecuentes los amigos que se convierten en socios.

Luna en casa 7: El sentimiento de protección se logrará a través de relaciones armoniosas y equilibradas, así como de un ambiente estéticamente compensado y agradable.

Mercurio en casa 7: Estas personas suelen obrar para que todas las partes lleguen a un acuerdo.

Venus en casa 7: Las relaciones sentimentales se verán favorecidas por esta posición.

Marte en casa 7: Abogará por la justicia ante todo en un conflicto.

Saturno en casa 7: Tenderán a ser un poco extremos en las relaciones con los demás.

Júpiter en casa 7: Personas con suerte en lo económico y laboral, pero siempre contando con una red de contactos que las ampare.

Urano en casa 7: Influye en los vínculos con las demás personas, haciendo que estos sean sorprendentes y no convencionales.

Neptuno en casa 7: Personas con una gran capacidad para perdonar, sanar y profundizar en las relaciones sentimentales, proporcionando equilibrio a aquellos que se encuentran a su lado.

Plutón en casa 7: Propensión a relaciones tormentosas, prohibidas y que pueden dar mucho desequilibrio a la persona.

La casa 8 es la relacionada con Escorpio. Esta casa tiene que ver con lo oculto, lo misterioso, lo tabú y el análisis profundo. Todos los planetas que estén en esta casa adquirirán un matiz muy escorpiano: procesos de transformación profunda en los temas que regule ese planeta, gran intuición, pero también secretismo y misterio. Tiene que ver también con la relación que tenemos con los recursos ajenos (opuesto a la casa 2, recursos propios).

Sol en casa 8: Propondrá muchos retos a la persona que lo tenga. Intereses relacionados con la espiritualidad e incluso la muerte.

Luna en casa 8: Necesidad de establecer mucha intimidad con las personas, posee una gran energía transformadora. Posibles conflictos con los progenitores, sobre todo la madre.

Mercurio en casa 8: Puede ser dado a las pérdidas de información, malentendidos, pero también una gran capacidad de indagar y adentrarse en el fondo de las cosas.

Venus en casa 8: Posibles conflictos por celos, posesividad y dramatismo en general. Necesita fusionarse con sus seres amados.

Marte en casa 8: Se manejan con agudeza y mucha destreza; ahorradores y perseverantes.

Saturno en casa 8: Favorece que, en la vejez, la persona disfrute de una suerte de calma espiritual y que sea una bella etapa en su vida.

Júpiter en casa 8: Define una predisposición a recibir dinero de vías ajenas al trabajo: herencias, matrimonios... Capacidad de ahorro y manejo del dinero.

Urano en casa 8: Interés por lo oculto, antinatural o paranormal.

Neptuno en casa 8: Una espiritualidad enfocada a la frontera entre los sueños y la realidad, la vida y la muerte.

Plutón en casa 8: Sufrirá transformaciones de calado íntimo y espiritual.

casa 9

La casa 9 es la relacionada con Sagitario. En líneas generales esta casa nos habla de lo lejano. Ya puede ser en relación a viajes, filosofías extranjeras, relaciones con personas de otros países, la búsqueda del significado de la vida... Es la casa opuesta a la 3 (casa de Géminis, la relación con lo cercano). Si esta casa tiene mucha importancia en la carta, la búsqueda de la sabiduría y el conocimiento será uno de los motores de la vida de esa persona.

Sol en casa 9: Predisposición de esta persona a viajar o crear su vida en un lugar diferente al de nacimiento, así como interés por lugares y culturas lejanos.
Luna en casa 9: Necesidad de expansión y libertad, pero también de la búsqueda espiritual.
Mercurio en casa 9: Necesidad de aprendizaje en el plano filosófico y espiritual. Interés por filosofías extranjeras.
Venus en casa 9: Es probable que las personas con las que establezca una conexión espiritual más cercana sean extranjeras o no vivan en el mismo lugar que esta persona.
Marte en casa 9: Impulso de expandir horizontes, tanto físicos como espirituales.
Saturno en casa 9: Con este Saturno son frecuentes las crisis de fe y la búsqueda —muchas veces insatisfactoria— de un significado mayor que dé sentido a la vida.
Júpiter en casa 9: La riqueza se entiende como riqueza espiritual.
Urano en casa 9: Persona idealista que soñará con viajes y experiencias deslumbrantes.
Neptuno en casa 9: La persona buscará crear y vivir en un mundo ideal que a veces se percibe como imposible.
Plutón en casa 9: Búsqueda espiritual profunda, diferentes creencias religiosas, tendencias espirituales y viajes. Creará su propio credo.

casa 10

La casa 10 se relaciona con el medio cielo y con el signo de Capricornio. Esta casa nos habla de nuestro nivel de satisfacción, nuestra capacidad de alcanzar objetivos y el lugar que desempeñamos en la sociedad. Los planetas que ocupan esta casa nos indican la manera de alcanzar nuestros objetivos, la perseverancia y nuestra forma de encontrarnos satisfechos.

Sol en casa 10: Persona muy ambiciosa, que aspira a obtener riquezas y mejorar su posición social. Por esta disposición puede relegar otros aspectos de su vida si no está bien aspectado.
Luna en casa 10: También necesitan ese estatus y riqueza para sentirse seguros emocionalmente.
Mercurio en casa 10: Persona con los objetivos muy claros, mente despierta y organizada.
Venus en casa 10: Personas que al empezar una relación tienen muy en cuenta el estatus y lo que esa persona puede aportarle racionalmente, menos propensos al romanticismo (a no ser que la posición planetaria o algún aspecto lo contradiga).
Marte en casa 10: La ambición y la escala social, el razonamiento y la objetividad son sus rasgos característicos.
Saturno en casa 10: Miedo a perder la reputación, al ridículo o a las pérdidas económicas.
Júpiter en casa 10: Casa muy buena para Júpiter. Personas orientadas a prosperar económicamente y ascender en la escala social.
Urano en casa 10: Otorga mucho carácter y carisma, líderes naturales que quieren transformar la sociedad o establecer un nuevo *statu quo*.
Neptuno en casa 10: Su estilo de vida será sofisticado, pero también algo bohemio y con tendencia a apreciar el arte en todas sus formas. También puede tender al esnobismo.
Plutón en casa 10: Personas dominantes y ambiciosas, con un carisma natural, pero que pueden tender a rozar límites morales para acceder a posiciones de poder si están mal aspectados.

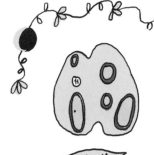

casa 11

La casa 11 es la relacionada con el signo de Acuario. Nos habla de nuestro lugar en la sociedad, cómo sentirnos integrados en un grupo, nuestro sentido de formar parte de algo más grande que nosotros mismos, algo más trascendental, más influyente. Nos informa de nuestro lugar de influencia en el grupo, pero en grupos sociales, no en nuestro entorno más cercano. Aquellos con una casa 11 potente serán personas influyentes que a través de su capacidad de innovación causarán un impacto.

Sol en casa 11: Este sol se caracteriza por brillar en grupos, entre amigos y sociedades.
Luna en casa 11: Necesidad emocional de expansión con los demás.
Mercurio en casa 11: Personas comunicativas, innovadoras y con dotes artísticas.
Venus en casa 11: Mucha independencia, pero también necesidad de estímulos intelectuales en una relación.
Marte en casa 11: Se expresa de manera muy personal y original, pero crea impacto en el grupo.
Saturno en casa 11: Dificultad para sentirse parte de un grupo, tienden al aislamiento.
Júpiter en casa 11: Relaciones con personas poderosas que les garantizarán éxito.
Urano en casa 11: Son muy originales, especiales y diferentes, y no pasan inadvertidas.
Neptuno en casa 11: Esta persona buscará relacionarse con personas especiales y distintas, pues en cierta medida ellos también se consideran así.
Plutón en casa 11: Les cuesta adaptarse a la realidad. Fracasos sentimentales.

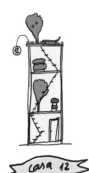

casa 12

La casa 12 es la relacionada con el signo de Piscis y podemos decir que es la más espiritual de todas. Esta casa cierra la rueda, nos habla de la mente, lo psíquico, el inconsciente colectivo, lo místico. Dada su extrema sensibilidad, nos informa también de miedos e inseguridades, problemas para poner límites y todo lo relacionado con el sacrificio y la unión espiritual. El planeta que esté en esta casa tendrá matices muy sensibles pero inseguros en el área en la que influye.

Sol en casa 12: Puede influir en que la persona se sienta triste, melancólica o sola.
Luna en casa 12: Personas muy soñadoras, que suelen crear su refugio emocional en su mundo interior, sufriendo a la hora de darse a los demás.
Mercurio en casa 12: La comunicación puede ser inexacta, ambigua o confusa, pero tienen facilidad para percibir lo espiritual y abstracto.
Venus en casa 12: Busca la soledad y el tiempo para sí mismo, le cuesta establecer relaciones personales significativas; tímidos y algo retraídos.
Marte en casa 12: Personas individualistas e independientes, pero sensibles e intuitivas.
Saturno en casa 12: Equilibrio entre ser independientes y estar en grupo. La espiritualidad de la casa 12 equilibra el miedo de Saturno.
Júpiter en casa 12: Júpiter protege de la intensidad psíquica de esta casa.
Urano en casa 12: Las personas suelen sentirse incomprendidas y aisladas de su entorno.
Neptuno en casa 12: Neptuno rige a Piscis, y que esté en su casa es una buena combinación. Personas con un prolífico mundo interior que manifiestan sin problema. Habilidades psíquicas o artísticas.
Plutón en casa 12: Plutón en esta casa es una de las posiciones más profundas e intuitivas a nivel mental y subconsciente. Búsqueda profunda de cuestiones misteriosas y tabúes.

✷6. La carta astral ✷

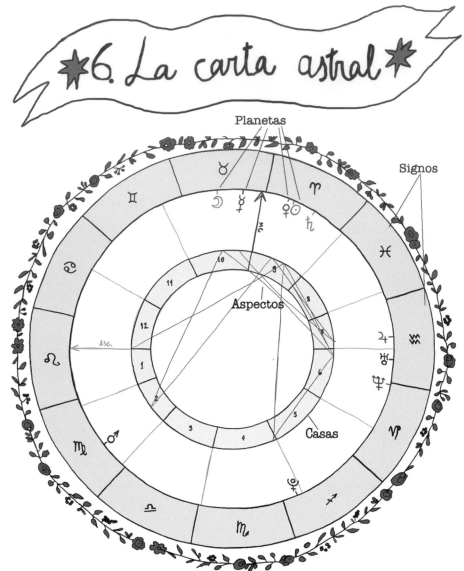

Planetas

Signos

Aspectos

Casas

Por fin, una vez vistos todos los elementos de la carta astral por separado y su significado, vamos a ver cómo se interpreta. La carta astral es el mapa que muestra la posición de cada planeta en relación con el momento y lugar en el que nacimos y que nos habla de la energía de la que disponemos al nacer. Recordemos que hemos visto:

Signos: Es la rueda más exterior, con los símbolos de cada signo.

Planetas: Los símbolos representan la posición de los planetas con respecto al signo y la casa (☽, ♂, ☿...).

Casa: Área de la vida en la que se desarrolla la astrología, representadas en la rueda interior con números (cada número representa la casa del mismo nombre).

Y ahora podremos entender los ASPECTOS (las líneas que unen unos planetas con otros muestran cómo se relacionan dependiendo de si los ángulos son favorables o desfavorables, como ahora veremos). Para obtener tu carta astral por primera vez y aprender a interpretarla, debes conocer tu lugar, fecha y hora de nacimiento, y utilizar un calculador online.

Aspectos: ángulos entre planetas

Los aspectos son los ángulos que forman los planetas entre ellos. Algunos son más fáciles, armónicos, provocan que los asuntos en los que influyen los dos planetas cooperen y la persona tienda a sentirse satisfecha en esos ámbitos. Otros aspectos son más tensos, hacen que la persona sienta que esos ámbitos son un reto por superar. Para medirlos, una vez dibujada la gráfica, usa un transportador de ángulos. Los aspectos más importantes son los siguientes:

Conjunción
☌ 0°
Cuando dos o más planetas se encuentran muy juntos (entre 0° y 10°), también se considera conjunción si están próximos en el mismo signo. Es un aspecto favorable, los planetas trabajan juntos y se benefician.

Stellium
Se trata de una agrupación de tres o más planetas en el mismo signo. Refuerza su energía. Cuantos más planetas tengas en un signo, más de ese signo eres: -¡Qué Piscis eres! -Normal, tengo stellium en Piscis, chica.

Sextil
✳60°
El sextil es un aspecto de aproximadamente 60 grados y se considera favorable. Tiene ciertas connotaciones de comunicación y armonía entre los planetas implicados. Un pequeño esfuerzo conllevará grandes beneficios.

Cuadratura
☐ 90°
Se trata de un aspecto fuerte, en el que los dos planetas forman 90 grados. Es desfavorable, las energías de los dos planetas mostrarán una tensión que la persona deberá integrar y trabajar.

Trígono
△ 120°
El trígono es un aspecto entre dos planetas que forman unos 120 grados. Es muy poderoso y benévolo, los dos planetas colaborarán en armonía y paz. Es tan poderoso, que puede resultar exagerado.

Quincuncio
⚻ 150°
El quincuncio es un aspecto entre dos planetas que forman 150 grados. Su efecto une de manera sorprendente y dinámica aspectos de la vida que en general no se comunican ni relacionan.

Oposición
☍ 180°
La oposición es un aspecto de 180 grados que enfrenta a dos planetas. Se trata de un aspecto poderoso, que hará que los dos planetas estén en lucha y sea algo difícil de integrar para la persona. Crea miedos e inseguridades.

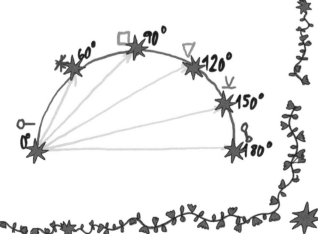

Que la carta esté muy concentrada en uno de los cuatro cuadrantes tendrá unas implicaciones, que aunque podrían entenderse mirando cada casa, se comprenden de manera general de la siguiente manera.

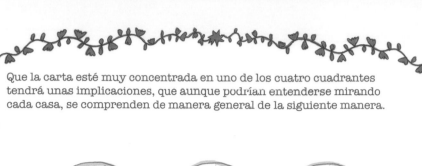

La carta astral, además de como gráfico, se puede ver directamente en un listado, o podemos apuntar nosotros mismos en qué signo y casa se sitúa el planeta para entenderla de manera más directa. Tanto la lista como la gráfica dan la misma información, aunque la gráfica es más completa (ya que se ven directamente los aspectos y las orientaciones).

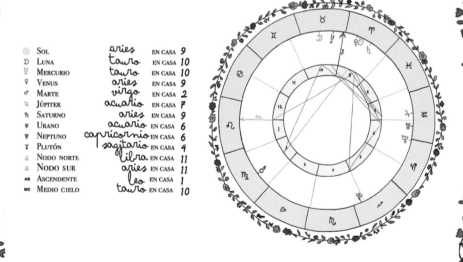

☉	SOL	aries	EN CASA 9
☽	LUNA	tauro	EN CASA 10
☿	MERCURIO	tauro	EN CASA 10
♀	VENUS	aries	EN CASA 9
♂	MARTE	virgo	EN CASA 2
♃	JÚPITER	acuario	EN CASA 7
♄	SATURNO	aries	EN CASA 9
♅	URANO	acuario	EN CASA 6
♆	NEPTUNO	capricornio	EN CASA 6
♇	PLUTÓN	sagitario	EN CASA 4
☊	NODO NORTE	libra	EN CASA 11
☋	NODO SUR	aries	EN CASA 11
AS	ASCENDENTE	leo	EN CASA 1
MC	MEDIO CIELO	tauro	EN CASA 10

A continuación, te dejo unas instrucciones básicas para obtener, interpretar y razonar una carta astral, además de una plantilla para practicar, que puedes usar directamente para dibujar en este libro la tuya propia o calcarla y usarla como plantilla.

Para practicar, haz el siguiente ejercicio con tu propia carta astral o con la de algún familiar o amigo.

1. Busca un calculador de carta astral online e introduce los datos (nombre, fecha, lugar y hora de nacimiento).

2. En la plantilla de la página siguiente, escribe los datos: nombre, lugar, hora y fecha.

3. Dibuja el símbolo del signo del ascendente y la casa 1 haciéndolos coincidir uno encima de la otra, y distribuye en orden el resto de los signos y casas alrededor del gráfico de la carta astral.

4. Escribe los signos y casas de todos los planetas.

5. Ahora toca situar los planetas. Hay que tener en cuenta que cada signo tiene 30°, pero para comenzar a aprender, sitúa el símbolo de cada planeta en su signo (de manera similar al ejemplo de la página anterior) cercano a su grado. Si no estás seguro de cómo hacerlo, usa de referencia la del calculador pero razonando el lugar de cada planeta.

6. Ahora que puedes ver en qué casa y signo está cada planeta, apúntalos en la lista inferior izquierda. ¿Hay algún signo en el que se concentren varios planetas? ¿Casas vacías? ¿Alguna casa donde estén concentrados varios planetas? Apúntalo todo en la página de notas (la siguiente a la plantilla) y escribe qué significa. ¡Es normal que no te acuerdes de todo! Por eso tienes este libro para consultar e ir viendo qué significa cada cosa.

7. Por último, solo nos faltan los aspectos. Para verlos, necesitas una regla y un transportador de ángulos. Debes unir el planeta con el centro del círculo de la carta, con lápiz muy finito. El punto donde corta con el círculo de las casas es el que debes unir para ver los aspectos (si tienes alguna duda, mira el ejemplo de la página anterior). Una vez hecho esto, ve mirando si los planetas forman los aspectos indicados (conjunción, sextil, oposición...). Para saber qué significa:

   a. Analiza qué planetas intervienen, mira qué energía tiene que ver con cada uno de esos problemas y en qué casa están.
   b. Mira qué implicaciones tiene el aspecto que forman.
   c. Apunta qué tipo de dinámica habrá entre esos dos planetas.

8. Haz una valoración global de la carta: ¿tiene mucha carga en algún elemento? ¿Varias cuadraturas? Saca tus propias conclusiones, practica con tus amigos para aprender a detectar patrones y ver si todo cuadra; es cuestión de práctica e intuición.

Carta astral de:

_____

🏠 lugar de nacimiento: _____ 🕑 fecha y hora: ☐☐/☐☐/☐☐☐☐

☐☐ ☐ am / ☐ pm

Sol   Luna   ASC

signo:_____ casa.___ , signo:_____ casa:___ , signo:____

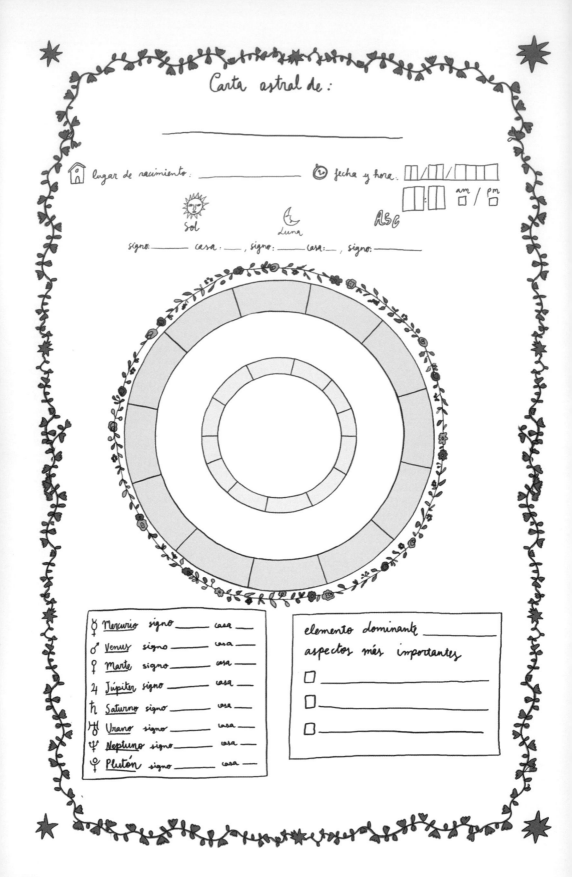

☿ Mercurio signo _____ casa ___   elemento dominante _____

♂ Venus signo _____ casa ___   aspectos más importantes

♀ Marte signo_____ casa ___   ☐ _____

♃ Júpiter signo _____ casa ___   ☐ _____

♄ Saturno signo _____ casa ___   ☐ _____

♅ Urano signo _____ casa ___

♆ Neptuno signo _____ casa ___

♇ Plutón signo _____ casa ___

¿Qué pasa con los gemelos?

Como vimos al principio por encima, las cartas astrales de los gemelos se estudian por opuestos complementarios. Para conocer la carta astral de dos gemelos de manera sencilla, calcula la carta astral de manera normal, como hemos visto. Apunta los planetas, casas y signos en forma de lista, y a su lado escribe los opuestos complementarios de cada posición:

Gemelo 1   Gemelo 2
Sol: Tauro   Sol: Escorpio
Luna: Leo   Luna: Acuario   y así con el resto de las
                                        posiciones.

¿Cuál es cuál? Para saber qué carta astral es de cada cual, simplemente analiza las dos, habla con ellos y cada uno inmediatamente sabrán con cuál se siente más identificado. Esto de las energías complementarias en los gemelos ocurre porque suele haber uno que complementa la energía del otro. Sus personalidades, aunque pueden parecer muy distintas, son las dos caras de la misma moneda, por eso es frecuente que sus caminos en la vida raramente se separen.

Compatibilidades: no basta con el signo de Sol

Si no soy compatible con mi pareja por mi signo de Sol, ¿qué hago? ¿La dejo? ¡Por supuesto que no! Ser «incompatible» en tu signo de Sol no es importante. Si quieres saber la verdadera compatibilidad entre dos personas, la forma más sencilla es estudiar sus cartas en conjunto. Para ello, deberás calcular ambas cartas y comparar cada planeta: Venus con Venus, Marte con Marte. En cada signo hemos visto una idea de lo compatibles que son con otros, puedes aplicarlo a cada posición de la carta.

¿Carta astral y carta natal son lo mismo?

La carta astral es un mapa del cielo en un momento dado. La carta natal es la carta astral en el momento en el que nace una persona.

¿Han cambiado los signos del Zodíaco? ¿Ofiuco es el nuevo signo?

No, no han cambiado. Los signos siguen como siempre. Ofiuco es una constelación más. La confusión viene de hace unos años: un bulo afirmaba que la NASA dijo que Ofiuco era el nuevo signo del Zodíaco, pero en realidad nunca dijo tal cosa y, aun así, las decisiones de la NASA no tienen por qué afectar en astrología.

¿Por qué no me siento identificado con mi signo?

Somos mucho más que el signo de Sol. Haz tu carta astral y ve buscando y anotando en el libro cada planeta y signo, cada casa y cada aspecto, y analiza por ti mismo en qué te sientes identificado y en qué no.

Por último, quería volver a insistir en que la astrología es una herramienta utilizada desde la Antigüedad para entender el mundo y a nosotros mismos, y es un campo de exploración amplísimo.

Espero haber podido dar una idea general de lo más importante, y que este libro sea una guía divertida para aquellos que quieran iniciarse en este mundo apasionante.

Deseo que tu aprendizaje solo acabe de empezar y que sea maravilloso.

Carlota